I0842673

LUGARIZACIÓN Y DESARROLLO SOSTENIBLE

Francisco González Cruz

LUGARIZACIÓN Y DESARROLLO SOSTENIBLE

Selección de textos sobre lugarización
y desarrollo sostenible

EDICIONES EJV
INTERNATIONAL
2023

© Francisco González Cruz
Email: morochofrancisco@)gmail.com
ISBN: 979-8-88895-779-0

Editorial Jurídica Venezolana
Avda. Francisco Solano López, Torre Oasis, P.B., Local 4,
Sabana Grande, Caracas, 1015, Venezuela
Teléfono (58) 212-762.3842/ Fax. (58) 212-763.52.39
http://www.editorialjuridicavenezolana.com.ve

Impreso por: Lightning Source, an INGRAM Content company
para Editorial Jurídica Venezolana International Inc.
Panamá, República de Panamá.
Email: ejvinternational@gmail.com

Portada: Alexander Cano

Fotografía: Gustavo Gabaldon (Casa, San Rafael de Mucuchies)

Diagramación, composición y montaje
por: Mirna Pinto, en letra Time New Roman, 14
Interlineado exacto Sencillo, Mancha 11,5x18

CONTENIDO

II. LUGAR Y CIUDAD

III. CAPITAL SOCIAL

IV. ECONOMÍA Y POLÍTICA

PRÓLOGO

por Fortunato GONZÁLEZ CRUZ

Este libro que ofrece a los lectores el geógrafo Francisco González Cruz, mi hermano gemelo, contiene un conjunto de trabajos escritos en distintos tiempos y circunstancias, el primero es su Trabajo de Incorporación como Miembro Correspondiente Nacional de la Academia de Mérida que tituló "De la sociedad de la información a la sociedad de la sabiduría: el camino del lugar", con base al cual elaboró su Discurso de Incorporación leído el 25 de mayo de 2022 en la sede de esta Corporación, que es una elegante y sobria casona merideña de tapia y teja, patios interiores y con un pasado que parte desde los tiempos fundacionales hasta hoy y que forma parte del patrimonio arquitectónico urbano de Mérida. Vuelve el autor a la "Antigua casa de los gobernadores de Mérida", el 8 de febrero del 2023 para recibir como Miembro Correspondiente Estadal a la Dra. Beatriz Sandia Gavidia, experta en Ingeniería de Sistemas, heredera de antiguos abolengos de la ciudad, quien presentó un trabajo titulado: "Vivir en Modo Digital. Una Mirada a la Sociedad Actual", que le fue útil para referirse a los desafíos de estos tiempos de TICS y de la Inteligencia Artificial, que pareciera ser capaz de crear lugares digitales que incluso generan una "ciudadanía" virtual, necesariamente entrecomillada.

Estos dos trabajos y los que le siguen en este libro, constituyen una síntesis del pensamiento filosófico, sociológico y político de quien optó deliberadamente por una formación en Geografía en la Universidad de Los Andes, donde esta carrera universitaria tiene la característica de ser de excelencia y de ofrecer estudios que comprenden lo natural y lo humano, el hecho físico natural y el fenómeno humano, el ambiente como síntesis de la creación y de la cultura. El hombre es también su circunstancia, como afirmó el sabio Ortega y Gasset, y las del autor son el pueblo natal La Quebrada Grande, el Estado Trujillo y Venezuela, entre dos siglos con una historia convulsa que ahora impone una carrera vertiginosa de cambios tecnológicos y modos de vida. Son una formación y unos tiempos propicios para reflexionar sobre los impactos de los cambios, su velocidad impresionante y la puesta en valor de la razón humana y el lugar, tal como él lo define, y la propuesta de un neologismo que poco a poco se abre paso en la ciencia, una palabra cuyo significado seguramente van a constituir el concepto básico que le da piso seguro al conocimiento: ***Lugarización.***

I. DE LA SOCIEDAD DE LA INFORMACIÓN A LA SOCIEDAD DE LA SABIDURÍA: EL CAMINO DEL LUGAR

Dr. Francisco José GONZÁLEZ CRUZ - 'Geógrafo'
Trabajo de incorporación Academia de Mérida

## I.1.	*EL PROYECTO HUMANO*

> *«¿DÓNDE ESTÁ LA VIDA QUE HEMOS PERDIDO VIVIENDO?*
> *¿DÓNDE ESTÁ LA SABIDURÍA QUE HEMOS PERDIDO*
> *EN CONOCIMIENTO?*
>
> *¿DÓNDE ESTÁ EL CONOCIMIENTO QUE HEMOS PERDIDO*
> *EN INFORMACIÓN?»*
>
> T. S. ELIOT, 1979

Este es el lugar adecuado en la ciudad propicia para, desde la emoción y la razón, darles rienda a las ideas. No es esta Corporación el sitio para los asuntos operativos, tan importantes para la vida ordinaria y que nos ocupan tanto tiempo y tantos afanes, sobre todo en estos tiempos recios, sino para los asuntos sustantivos importantes para la vida extraordinaria, para levantar la mirada y otear el horizonte, con plena consciencia del aquí y del ahora, apuntando a los desafíos de los grandes proyectos del ser humano. Es el lugar para el encuentro entre el corazón y la razón, el sentimiento y el pensamiento, la sincronicidad entre René DESCARTES y Blas PASCAL, entre: "Pienso luego existo" y "Hay razones del corazón que la razón no entiende". Es el lugar adecuado para intentar aproximaciones que nos acerquen a diversas interpretaciones o miradas de lo que somos, hemos sido y lo que soñamos ser, como personas, familias, paisanos y comunidades locales o globales. Ser, haber sido y posibilidades de ser como parte de una identidad compleja y dinámica, abierta a mil influencias y circunstancias. Lugar donde tienen espacio adecuado los análisis científicos, los sueños y la nostalgia, todo como parte del gran proyecto humano.

Por ello damos gracias a Dios por permitirme estar hoy y aquí. Y darle gracias a esta docta Academia que reúne talentos y afectos para conversar sobre lo humano y lo divino, para escuchar y para hacerse oír en los asuntos superiores, para conversar sobre la gran tarea de los seres humanos, que no es otra que el enaltecimiento de la dignidad humana, que es al final el gran proyecto de la humanidad, sea desde el individuo, la casa, la comunidad, el barrio, el trabajo, la cátedra o el altar.

"La humanidad es todavía algo que hay que humanizar" lo recuerda cotidianamente con sus palabras en el frontis del Centro Gabriela Mistral, en Santiago de Chile. Igualmente, el religioso y poeta español convertido en brasileño, Pedro CASALDÁLIGA PLA nos dice: *"El objetivo y la mediación de todas esas causas nuestras se pueden formular en este postulado: Humanizar la Humanidad, practicando la proximidad. ¿Es una utopía? ¡El Evangelio es una utopía mayor! Adaptando la palabra del poeta, titulé así mi última circular: «Utopía necesaria como el*

pan de cada día». No la utopía quimérica que arribaría a un «no-lugar», sino un proceso esperanzado que navega hacia un «lugar-otro», ¡un «buen-lugar», eu-topia!"[1]

Ustedes saben que lo humano se conforma fundamentalmente desde el seno materno hasta la primera adolescencia. Todas las teorías sobre el desarrollo del ser humano coinciden en esto, de allí la importancia de la calidad de vida de esos meses de gestación y esos primeros años. El cuidado de la madre, la presencia del padre, el entorno familiar, la calidad de la vivienda y del entorno. Allí está casi todo el devenir de una persona humana. No soy especialista en muchos de esos elementos y factores, aquí hay más personas preparadas que yo en esos asuntos, soy geógrafo y mi objeto de estudio es el lugar. Pero para poder desplegar con mejores bases las ideas que quiero compartir aquí, desde mis terrenos más conocidos, debo afirmar primero lo esencial para el proyecto humano, de la madre, la familia y el lugar.

Antes de entrar al tema del lugar, traigo a consideración algunas ideas del biólogo y filósofo chileno Humberto MATURANA.

Humberto MATURANA es un sabio que contribuyó de manera sustantiva a comprender cómo los seres humanos pueden ser más humanos. Murió recientemente, el 6 de mayo de 2021, en su lugar natal, Santiago de Chile. Junto con su discípulo Francisco Varela, contribuyó de manera sustantiva a comprender el fenómeno de la vida con una respuesta innovadora que explica que todo ser vivo es un sistema que está continuamente

---

[1]   Casaldáliga, M. P. (2006). Utopía necesaria como el pan de cada día. Revista CLAR, 44(1), 71–73. Recuperado a partir de https://revista.clar.org/index.php/clar/article/view/67. (Casaldáliga, 2006)

creándose a sí mismo y, por lo tanto, reparándose, manteniéndose y modificándose. Así, por tanto, los seres humanos y las organizaciones humanas.

1. Idea: Los seres vivos son seres emocionales, pues nacen, crecen, se reproducen y mueren mediante la coordinación de sus acciones de un modo que trae como consecuencia la aceptación mutua.

2. Idea: Todos los seres vivos somos parte de un gran sistema cósmico, integral y conformamos parte de una rica y fecunda red de relaciones.

3. Idea: Maturana es reconocido a nivel mundial por establecer una definición del fenómeno de la vida, inexistente hasta esa fecha. Junto con Francisco Varela crearon el concepto de "autopoiesis", del griego auto (a sí mismo) y poiesis (creación). *«Los seres vivos somos sistemas autopoiéticos moleculares, o sea, sistemas moleculares que nos producimos a nosotros mismos, y la realización de esa producción de sí mismo como sistemas moleculares constituye el vivir»*

4. Idea: Como seres vivos, los humanos somos primero seres emocionales. Pasamos a ser racionales en el convivir. En las largas y frecuentes relaciones que exigen el desarrollo de un ser humano, nace el lenguaje.

5. Idea: Desde la biología Maturana vinculó el lenguaje con las emociones, el amor y la cultura. *"Toda acción del ser humano se da dentro del marco del lenguaje, por ende, si no hay lenguaje, no hay quehacer humano"*.

6. Idea: Maturana nos permitió comprender que el llegar acuerdos, el hacer sociedad, está relacionado a crear realidades por medio del lenguaje. Todo lo que hacemos como humanos, lo hacemos en conversaciones, que son procesos de escuchar y conversar en la convivencia.

7.   Idea: El origen de la especie humana se funda en el surgimiento de la familia como un espacio acogedor de convivencia en el bienestar, el placer de la compañía, la cercanía corporal, la caricia y la ternura. El linaje humano surge en la conservación, de una generación a otra, del convivir amoroso.

8.   Idea: «El amor es la aceptación del otro como legítimo otro en la convivencia».

9.   Idea. El Homo sapiens-amans ethicus, es de hecho un vivir y convivir en el arte y ciencia del escuchar, del ver, y del invitar a actuar desde el saber, el comprender y el hacer de los mundos que vivimos.

10. Idea: la familia, la comunidad, la sociedad, las organizaciones, la democracia, las instituciones son "obras de arte" que se co-construyen en el convivir, en la aceptación mutua.

11. Idea: Lo central en el cambio es lo que se conserva porque lo que se conserva define lo que puede cambiar. Todo cambio de consciencia ocurre como una transformación individual que implica un cambio de sustrato epistemológico, un cambio operacional en el vivir, y viceversa. Todo cambio de sustrato epistemológico y todo cambio en el hacer y el sentir constituyen un cambio de alma en el habitar.

12. Idea: "...en verdad, vivir en la negación de la consensualidad, del amor y de la ética, como el fundamento de nuestros distintos modos de coexistencia, constituye la negación de la humanidad. Ahora podemos estar conscientes de esto...".

Existen muchos densos y fecundos aportes de este biólogo y filósofo chileno, como el tema de la objetividad y sus limitaciones, las ideas sobre educación, gerencia de organizaciones y otras. Un tema apasionante lo toca en su libro *La democracia es una obra de arte* publicado en el año 2001. Vale la pena leerlo.

La más esencial tarea de la Humanidad es la de humanizarse. Humanizar la Humanidad es la misión de todos, de todas, de cada uno y cada uno de nosotros. La ciencia, la técnica, el progreso solamente son dignos de nuestro pensamiento y de nuestras manos si nos humanizan más.

I. 2 *LA PANDEMIA*

La pandemia produjo el regreso a casa, que se convirtió en el lugar de trabajo, de estudio, de recreación, de centro de salud, de comedor y del convivir. Ya las "ciudades dormitorio" o las "urbanizaciones dormitorio" declinan porque esos espacios y esas viviendas no estaban dispuestas para el convivir pleno, para todas esas actividades que antes eran normales. Ni las familias estaban preparadas para esto, acostumbradas como estaban a llegar solo a descansar, a dormir, separados de los lugares de trabajo, de estudio y hasta de recreación, casi reservada a la TV, a la Tablet o al celular. La recreación ya estaba casi reducida a los paseos de fin de semana, al centro comercial, a los parques o a otros sitios.

La pandemia también representa el regreso al lugar, ese entorno vital cercano a la vivienda. Para las personas que viven en el casco urbano de Mérida, en los barrios aledaños que tienen intensa vida comunitaria, estos cambios han sido más llevaderos, pues por allí cerca tienen una pulpería, una panadería, un parque, una farmacia, un templo o un lugar donde compartir una conversación. Para los que viven en urbanizaciones lejanas, sin mayor vida comunitaria, cercana a los conceptos de "no lugares", la pandemia agudizó los sufrimientos ya grandes con el socialismo del Siglo XXI.

La gentrificación ya estaba en marcha causando el encarecimiento del suelo urbano, como consecuencia de la revalorización de los cascos tradicionales y de otros espacios atractivos a la inversión. Los gobiernos y algunos promotores urbanísticos convirtieron en bulevares peatonales calles y avenidas, los embellecieron y entonces los negocios tradicionales debieron ceder sus espacios a cadenas de tiendas, establecimientos de lujo, franquicias, restaurantes de alta cocina y redes hoteleras.

Los negocios de las familias lugareñas, sostenidas por varias generaciones, debieron abandonar sus querencias y se fueron a los suburbios. Esos espacios se vaciaron de vecinos y se llenaron de turistas, compradores y vendedores, que al llegar la pandemia y con ella la abrupta baja de los visitantes, se encontraron ociosos. Queda ahora la nostalgia de esos lugares vivos, llenos de actividad. Se descuidó la vieja sentencia que para asumir los cambios es necesario definir primero con sabiduría lo que debe permanecer. Si sabemos que la gran tarea es humanizar la humanidad, tendremos que privilegiar la convivencia, el estar en el vivir en comunidad. Si los espacios vitales –la vivienda y el lugar– excluyen el compartir en la convivencia, no sirven para el proyecto humano.

Las viviendas eran la expresión arquitectónica de las personas que la habitaban, de sus costumbres y oficios, de los materiales existentes en sus cercanías, del clima y del paisaje, para luego convertirse en "soluciones habitacionales" en serie, con espacios reducidos al mínimo, sobre todo para los más pobres que son los que tienen familias más numerosas. Sin espacios verdes internos justo en las barriadas donde más escasean los parques públicos. Pero los temas del hogar y la vivienda exigen buenos especialistas, que en el seno de la Academia los hay de mucho prestigio. Entonces vamos al lugar y a la lugarización, pues sostengo que la pandemia y sus secuelas ponen en valor la tesis del lugar como el espacio humano por excelencia. Y a la lugarización como el proceso de reforzar la identidad y los lazos de la vida comunitaria, en armonía con aquellos procesos globales de indudable valor para el proyecto humano.

Antes hablábamos de la sociedad del conocimiento, pero con toda esta crisis sistémica cuyos síntomas más visibles son el cambio climático y la pandemia, hablamos mejor de la sociedad de la información, y esa ya sabemos dominada por algunos monopolios. La sociedad del conocimiento y de la información parece alejarse de la sociedad de la sabiduría. Por los síntomas que vivimos en estos tiempos, más parece ser la sociedad de la estupidez.[2]

I. 3 *LA HORA DEL LUGAR*

Obligados por las circunstancias de la pandemia, la mayoría de la población del mundo se ve obligada a estar en un solo lugar, normalmente su sitio tradicional de residencia. Algunos escogieron sitios que consideraron más apropiados, otros la realidad los sorprendió fuera de su lugar habitual, otros están confinados en hospicios, prisiones y otros tipos de alojamientos, pero la mayoría está en su domicilio acostumbrado, sea una casa o apartamento, en la ciudad o en el campo, en zona rica o pobre, pero todos estamos reducidos en un espacio limitado, a un territorio pequeño que se hace cada vez más íntimo. Ahora descubrimos los detalles de ese territorio más personal, sus bondades y sus carencias, sus atractivos y sus incomodidades.

---

[2] Recomiendo leer a José Antonio Marina: Marina, J. A. (2004). *La Inteligencia Fracasada: teoría y práctica de la estupidez*. Barcelona: Anagrama.

También la calidad de sus muebles y accesorios, sus colores y el valor de su vista hacia las afueras, hacia el paisaje.

La pandemia obliga a tomar conciencia del valor del lugar tradicional. Y de la calidad de las relaciones con las personas con las cuales compartimos, las mascotas que nos acompañan, las plantas que adornan, los libros que tenemos, los equipos de entretenimiento, en fin, de todo lo que nos rodea. Así mismo, comenzamos a extrañar la calle y el parque, la tertulia en el café de la esquina, las tiendas, el templo, el mercado y en general los puntos de encuentro de la vida comunitaria cotidiana. También añoramos el sitio de trabajo y el camino que nos lleva hasta allí, y el medio de transporte, y a los compañeros de trabajo. Extrañamos todo los que son asuntos cotidianos al salir de casa en la vida normal.

El lugar en geografía es el espacio territorial íntimo y cercano donde se desenvuelven la mayor parte de las actividades del ser humano. Generalmente es el sitio donde las fases del nacer y crecer se plasman con mayor libertad dentro del lienzo llamado vida, es donde la educación y la configuración de la morfología personal se cristalizan con mejor nitidez. En el lugar se encuentran los familiares, las amistades cultivadas con un especial vínculo afectivo. En fin, es una comunidad definida en términos territoriales y de relaciones humanas, con la cual la persona siente vínculos de pertenencia. La primera característica: el lugar circunscribe todos los ámbitos vitales del ser humano. El lugar es el territorio, en términos ecológicos, de una persona. Es la zona donde se establece su comunidad y donde está su historia, sus referencias topográficas, sus definiciones culturales, sus afectos, donde se gana la vida y donde pasa la mayoría de su tiempo. (GONZÁLEZ CRUZ, 2013)

En estos tiempos de pandemia y cuarentena, el lugar se ha convertido en nuestro mundo inmediato y su calidad, digamos su personalidad, su identidad, pasa a ser fundamental para nuestra propia calidad de vida. Mucha gente es baquiana en sus lugares, otros apenas los están descubriendo. Y valoramos todo eso que hace más humano el territorio íntimo, y nos chocan esos sitios sin personalidad, que no invitan a vivir y a convivir, donde no se producen las relaciones interpersonales tan importante para forjarse nuestra identidad individual y para ir conformando la identidad colectiva. No-lugares los llama Marc Augé.[3] Uno de los desafíos que la cuarentena pone en evidencia es lograr lugares más humanos, más familiares, más con-vivibles, de mayor capital social, sin que por ello no estén conectados al mundo global. En eso consiste el proceso de "lugarización".

I. 4   *LA PANDEMIA: GLOBAL Y LOCAL*

La pandemia es global, pero se padece localmente. Nació localmente, pero contagia globalmente. Un lugar específico del planeta acuñó las circunstancias que le dieron nacimiento a un virus, que primero afectó a algunas personas de esa ciudad y luego se fue extendiendo rápidamente por los alrededores hasta alcanzar en poco tiempo a todo el planeta. El pánico se extendió localmente y globalmente, y las reacciones también han sido globales y locales. La Organización Mundial de la Salud, organismo creado para actuar en casos como estos, recomienda medidas globales, pero cada nación, provincia, municipio, barrio, condominio y hasta cada hogar y ser humano reaccionó de distinta manera. Hoy tenemos resultados globales y locales, y toda

---

[3]   AUGÉ, Marc (1995). *Los no lugares: espacios del anonimato: una antropología de la sobre modernidad*. Barcelona, Editorial Gedisa. Reeditado en 2017.

una enorme multiplicidad de experiencias que ofrecen desde excelentes resultados tempranos hasta desastres bien advertidos. "Bendito sea el señor que puso la variedad entre sus criaturas" dice una oración hebrea.

En medio de la cuarentena muchos intelectuales piensan, escriben y los medios de comunicación dan a conocer las de los más famosos o conocidos. Y son muy variadas las opiniones, como debe ser en un largo listado que abarca filósofos, literatos, artistas, políticos, escritores, líderes religiosos y muchos otros expertos, pero analizando un buen número de ellos se notan algunas líneas de coincidencia. Por ejemplo, la sorpresa de la pandemia, aunque voces autorizadas de organizaciones y personas lo venían advirtiendo, ¡a todos les provocaron desconcierto! Otra es la falta de previsión en la mayoría de las naciones y organizaciones, que nunca tomaron en serio una cosa como esta. Otra coincidencia, esta vez no muy sólida, es que el mundo no será igual luego de esta crisis y guardan la esperanza de verdaderos cambios en el modelo de desarrollo. Hay confianza en que la ciencia y la tecnología darán con el remedio a este virus, pero no dudan que la ciencia sin ética repetirá, agravada, esta experiencia.

En referencia a qué debe ser global y qué local como consecuencia de la pandemia y la cuarentena, existen diversidad de opiniones, desde la creación de una Constitución Planetaria hasta eliminar las naciones y potenciar las provincias y municipios; desde consolidar los sistemas globales de ciencia y los métodos de previsión, hasta localizar los esfuerzos científicos pero articulados mundialmente. Hay quien piensa que casi todo está dicho en los Objetivos del Desarrollo Sostenible y la Agenda 2030, junto con los compromisos sobre el clima.

Cada día aparecen alternativas que lucen muy sensatas o de sentido común. Una que luce muy atractiva para los que creemos en el desarrollo local es que cada lugar de la tierra, cada localidad, asegure a sus habitantes un nivel de bienestar básico, creado por la misma gente (con apoyo global si lo requieren). Esto se traduce en salud, educación, energía renovable (el sol alumbra para todos), servicios, espacios públicos de calidad, un alto nivel de capital social (confianza, relaciones sociales, instituciones saludables) y gobierno local democrático. También abastecimiento seguro de sus alimentos y otros bienes esenciales con base preferiblemente a la propia producción local. Agregaría elementos fundamentales para la convivencia, como la identidad. También cobran importancia los sistemas locales de ahorro y crédito, abandonando los sistemas financieros especulativos tan vinculados a la globalización de la codicia. Los sistemas de información globales como Internet tendrán que ser aprovechados mejor por las propias comunidades locales, generando información propia y articulándose con redes globales de comunidades y compartiendo experiencias y fracasos.

Los gobiernos municipales y provinciales tienen el desafío de atender no solo los asuntos "propios de la vida local", sino hacerlo con mucha calidad, insertos en la cultura local y pendientes de las competencias y servicios emergentes. Y ser gobiernos abiertos, participativos, promotores del desarrollo local integral. Así mismo garantizar las posibilidades de las conexiones globales del lugar. Se trata de promover un lugar exitoso, pero articulado a las conexiones globales, a los más útil de la globalización, evitando sus perversiones. Está naciendo un nuevo poder local con esto de la lugarización impulsada ahora por la globalización de la pandemia. Esto exige un nuevo liderazgo cívico y público. Este enfoque de la lugarización, que lleva a ciudades y comunidades a ser más humanas y significa que las grandes metrópolis se reinventen, como de hecho ya varias lo están haciendo, bajo el enfoque de ciudades sostenibles. También al reforzamiento de las ciudades intermedias y menores. Y dentro de las ciudades a espacios públicos de calidad, donde la gente pueda reunirse a conversar, que es a desplegar su realidad de ser personas humanas.

Los asuntos globales seguirán siendo los sistemas multilaterales de políticas públicas, los sistemas de salud preventiva y la orientación de la educación básica, la lucha contra la inequidad y la pobreza, la promoción del desarrollo humano, los sistemas de regulación monetaria y financiera, los derechos humanos, la seguridad planetaria y, muy importante, el cuidado de la Tierra como un sistema integrado donde todo está interrelacionado. La "Ecología Integral" de nuestra Casa Común del papa Francisco en la encíclica "Alabado seas".

Existen algunos temas delicados que la pandemia pone en evidencia que no son tan útiles como algunos creían. Una, la más importante, es la estupidez de la carrera armamentista, el enorme gasto que implica y cuyos recursos deberían orientarse al cuidado de la tierra y al desarrollo humano integral. La teoría del desarrollo desde hace tiempo ha venido insistiendo en lo inapropiado del crecimiento económico como paradigma, sin embargo, aún se mide por el producto interno bruto (PIB). Eso debe morir ya definitivamente. Otros son el crecimiento mundial del comercio y la especialización productiva con base en las teorías de las ventajas competitivas y las economías de escala. Cada lugar y cada país deberían autoabastecerse en la medida de lo posible, y acabarse esa otra estupidez de mercancías que viajan para allá y para acá, pudiéndose producir allá y acá si no fuera el lucro lo único que las mueve. Y las economías de escala no pueden ser el criterio para la asignación de recursos. La teoría económica hizo ley del dicho popular "más barato por docena", cuando se sabe que eso no se cumple sobre todo si todas las docenas vienen de pocos proveedores y pocos compradores, y estos no son ni transparentes y fiables como se ha demostrado en la vergonzosa competencia por mascarillas y respiradores.

La incertidumbre es uno de los temas en donde existen mayores coincidencias entre los intelectuales, pero la mayoría prevé una reorganización de los asuntos globales, nacionales y locales, con una fuerte tendencia a reducir la globalización del comercio y los intercambios, los viajes, el poder de los consorcios financieros y los monopolios, la lucha contra la inequidad, el narcotráfico y la corrupción. La economía especulativa se verá reducida y con ello crecerá la pequeña y mediana empresa y los negocios locales. Sin lugar a duda la globalización tecnológica y de la información crecerá exponencialmente, pero las localidades tendrán más fácil acceso a su aprovechamiento.

El lugar de lo local en lo global crecerá exponencialmente, y las localidades deben prepararse para eso. La palabra "glocalización" es insuficiente porque solo evoca que algo global se localiza, y puede ser desde un enclave, una franquicia hasta una agencia multinacional. La lugarización es la inserción de lo local en lo global, sin complejos, aprovechando sus virtudes, traduciendo las ventajas de la globalización a lo local, y ofreciendo lo local al resto del mundo.

I. 5 *RAZÓN GLOBAL, RAZÓN LOCAL*

Lo global y lo local son entidades territoriales totalmente diferentes y funcionan con lógicas distintas, aunque son parte de una sola unidad, que con frecuencia se olvida. La lógica global tiende a considerar un mundo homogéneo, mientras la local tiende a ignorar la existencia de las condicionantes mundiales o universales. Así mismo, por una parte, las decisiones globales tienden a ignorar los impactos que producen en las localidades, mientras que por la otra existe poca conciencia del poder que pueden alcanzar las acciones locales. Pareciera que son dos mundos, cuanto todo es una sola "ecología integral". La posibilidad de un mundo nuevo exige entender las dos lógicas, las dos dimensiones en sus múltiples complejidades. Hace años el Club de Roma acuñó la feliz frase: "pensar globalmente y actuar localmente". Hoy la mirada es diferente pues es necesario pensar y actuar en ambas dimensiones, entendiendo sus dinámicas particulares.

Un tema fundamental está en el orden de la información y la comunicación. La primera, la información, tiende a ser monopolio de lo global y su direccionalidad es vertical, de arriba hacia abajo. La información de un lugar específico, a menos que sea un acontecimiento excepcional y extraordinario, no cuenta a nivel mundial, incluso puede llegar al sitio procesada por los medios globales y deben ser traducidos o interpretados. La comunicación es horizontal y por consiguiente es predominantemente local, pues implica no sólo recibir y dar información, sino opinar, criticar, proponer, debatir y conversar. La gente consume información, no comunicación que en cambio se retroalimenta, cambia, exige diversas miradas y lecturas.

Las comunidades locales, si son conscientes y están alerta, traducen la información y la "lugarizan", generando conocimiento. Si tienen fuerza para subir información, mediante redes globales de comunidades locales, comparten esos conocimientos.

Lo global tiene una lógica estandarizadora, homogeneizadora, hegemónica, que trata de imponer una sola cultura, una sola manera de ser y de pensar, unos pocos estilos de vida, una gastronomía única, vestidos similares y la expansión de los no-lugares, que son espacios sin identidad. Trata de imponer una sola manera de ver el mundo.

Lo global tiene una lógica de la diversidad fruto de climas y relieves, de personas diferentes, de culturas diversas y muchas maneras de ver el mundo. Cada lugar es una síntesis de geografía, historia y cultura, de las mil maneras como las personas van modelando sus espacios, sus casas y caminos, sus paisajes, su gastronomía, sus vestidos, su música y sus maneras de adorar a su Dios.

La diversidad es lo propio de lo local, la uniformidad es propia de lo global. Por ello la posibilidad de un mundo nuevo es fruto de una combinación llena de sabiduría de aquello que es propio de lo global con lo específico del lugar. Quizá lo más importante de esta exigencia es el respeto global por la diversidad local. Que por codicia las trasnacionales ejerciendo su poder monopólico traten de acabar, como acaban muchas veces, con los productos locales va en esa lógica hegemónica. O que impongan los monopolios informáticos, o los monopolios de la salud como se puso en evidencia con la comercialización de las vacunas en esta pandemia global.

Las fuerzas verticales de la globalización desorganizan las localidades porque crean su propio orden basado en la codicia. Las fuerzas horizontales en cambio crean relaciones de solidaridad en todos los sectores, incluyendo los procesos de producción, distribución y consumo

En la tensión entre lo global y lo local, si se impone la codicia se impone la hegemonía. Entonces tendrán los lugares que asumir un nuevo protagonismo, un nuevo liderazgo. Tendrán que convertirse en los lugares de resistencia de la sociedad civil, que luche por la libertad y la diversidad, en asociaciones globales de comunidades locales. Pisar en el terreno de los que ejercen la hegemonía para imponer la pluralidad, en una alianza planetaria por la diversidad y el pluralismo.

Es interesante seguir cómo, desde la sabiduría milenaria de la iglesia católica se resuelve esta tensión entre lo global y lo local. Las dudas que desde tiempos remotos existen en la relación entre la Iglesia universal y las Iglesias particulares, o entre centralismo y descentralización. Recordada es la polémica entre el teólogo Cardenal Walter KASPER y el teólogo Cardenal Joseph Ratzinger (luego Benedicto VI). La mirada de KASPER es desde su posición de obispo local en ROTTENBURG-STUTTGART y RATZINGER que fue Arzobispo de Múnich siempre tuvo una mirada desde el centro, desde el Vaticano.

KASPER afirma que los principios de una Iglesia más comprometida con lo local se fundan en la teología misma, en especial en la teología de la Iglesia particular y en la función del obispo. "La Iglesia particular no es ni una provincia ni un departamento de la Iglesia universal; es la Iglesia en un lugar determinado. El obispo local no es el delegado del Papa sino alguien enviado por Jesucristo, quien le confió una responsabilidad personal. Mediante su consagración sacramental, recibe la plenitud del poder que necesita para gobernar su diócesis. Esta es la enseñanza del Concilio Vaticano II".

La maravilla de nuestra Iglesia Católica está precisamente en el valor universal de ese compromiso local, concreto y actual del mensaje cristiano. Comprometerse con el fortalecimiento de la iglesia descentralizada, diversa, en armonía con su entorno local, es también es también asumir el compromiso con una iglesia más más concreta y solidaria. Dice el papa Francisco en su carta encíclica Alabad seas: "no se trata de hablar tanto de ideas, sino sobre todo de las motivaciones que surgen de la espiritualidad para alimentar una pasión por el cuidado del mundo. Porque no será posible comprometerse en cosas grandes solo con doctrinas sin una mística que nos anime, sin unos móviles interiores que impulsan, motivan, alientan y dan sentido a la acción personal y comunitaria".

I. 6   *HOGAR Y LUGAR*

El hogar y el lugar han adquirido un formidable valor entre los elementos que determinan la calidad de vida de la gente. Siempre fue así hasta que la revolución industrial trajo la división espacial del trabajo. Ahora que la pandemia se resiste a la vuelta a la vieja "normalidad", nos damos cuenta que tanto la vivienda como el sitio donde está, son sustanciales. No es lo mismo estar en lo que los técnicos llaman una "solución habitacional" donde apenas hay espacio para dormir, que vivir en una morada grata donde se pueda compartir. Tampoco en una urbanización o edificio donde sólo existen esas soluciones habitacionales, sin vida comunitaria. Algo de sensatez puede traer la crisis.

No es de sentido común propio del ser humano esos largos desplazamientos para ganarse la vida. Abandonar los niños y la pareja para ir a trabajar no parece ser muy cuerdo, pero todo se organizó bajo la lógica de que en un lugar se vive y en otro se trabaja, como si no fuesen parte del mismo proceso vital. Hoy cuando la pandemia obliga a permanecer en la casa y en el lugar, estos espacios toman el valor que nunca debieron perder: ser el espacio fundamental donde una persona realiza su tránsito vital. La vivienda era un espacio que representaba una especie de síntesis de toda la rica complejidad de la vida y reflejaba el carácter de sus habitantes, la historia familiar, sus oficios y tradiciones. También la del entorno, su geografía e historia, su clima particular, los materiales y tradiciones. Cuando todo cambió, la vivienda pasó a ser el sitio donde se regresaba del trabajo a descansar hasta el otro día, mientras se esperaba el fin de semana para salir a pasear o a descansar en otra parte.

El virus hizo que la gente regresara a casa. Quien la conservó bajo los esquemas tradicionales, sea antigua o moderna, encontró un sitio grato donde soportar las largas permanencias. El que por desgracia sólo contó con una "solución habitacional" montó en desesperación y encontró en la terracita, el balconcillo, la escalera o las ventanas una pequeña vía para ir más allá de las cuatro paredes, sea para mirar las paredes de enfrente o, si tuvo suerte, mirar hasta un poco más allá. Quien tiene la fortuna de vivir en un lugar de intensa vida comunitaria, encontró cerca el consuelo de una grata esquina con su cafetería o el bar, la panadería y la farmacia, un escaño con su sombra y su farol, y el saludo de los vecinos. Quien está en un urbanismo moderno aislado y retirado, sólo le queda tomar el automóvil e irse a hacer mercado para abastecerse largo tiempo y meter en su vivienda lo necesario para trabajar o matar el tiempo.

Dos maneras de vivir. Una representa la vida familiar, el compartir, la relación permanente con los otros integrantes del entorno familiar, pero también del entorno social y comunitario. Otra manera es la segregación del hogar y del trabajo, del hogar y la recreación. La división extrema que reduce la interacción humana en la vivienda y en la comunidad. Las consecuencias se ponen de manifiesto ahora de manera resaltante, al ver cómo los centros de comercio y de servicios de las urbes se encuentran solos sin la masiva presencia de trabajadores y consumidores, las autopistas y carreteras medio vacías sin la demanda usual de la gente que necesitar ir y venir constantemente. También, como siempre, está la soledad de las urbanizaciones residenciales. Los no –lugares llamados "mall" o centros comerciales son los escapes homogéneos, todos idénticos, para dar unos pseudo– satisfactores a las necesidades de recreación, ocio y a la compra de algunos bienes.

Toma importancia entonces el hogar y su expresión espacial de la vivienda como sitio para la vida familiar, la vida en su contexto integral y como satisfactor principal de las necesidades existenciales del ser humano: ser, estar, tener y hacer. También el lugar como espacio territorial íntimo y cercano donde se desenvuelven la mayor parte de las actividades del ser humano; el lugar entendido como la comunidad definida en términos territoriales y de relaciones humanas, con la cual la persona siente vínculos de pertenencia.

El Dr. José Gregorio HERNÁNDEZ, recientemente elevado a los altares por la iglesia católica, un ser ejemplar por sus virtudes, por su sabiduría, sus investigaciones científicas en el campo de la salud, el ejercicio bondadoso de la medicina es el personaje más conocido y querido en toda la extensión y en toda la historia de Venezuela, es la expresión mejor perfilada para ilustrar el fruto de un hogar impecable y un lugar modesto y solidario: Isnotú.

El hogar y la comunidad en su concepción territorial, vivienda y lugar, han sido reivindicados con la pandemia global. Así lo reconocen cientos de intelectuales que se han animado a publicar sus opiniones sobre las nuevas realidades. El impacto ha sido tremendo, al punto que nadie cree a estas alturas que el mundo será igual al que teníamos hace apenas año y medio.

Esta nueva realidad tiene su impacto en todos los campos del quehacer humano, en la economía que tendrá que ser más humana, la sociedad más solidaria, la cultura más tolerante y la política más sensata. Por supuesto en el ambiente, en la moderación del cambio climático, el consumismo y demás aspectos de una sociedad conducida por la globalización de la codicia hacia el desastre.

A menos que se cumpla la sentencia de Albert EINSTEIN: *"Dos cosas son infinitas: el universo y la estupidez humana; y yo no estoy seguro sobre el universo".*

I. 7   *CIUDAD LUGAR Y CIUDAD GLOBAL*

Las nuevas realidades están planteando cambios sustantivos en la organización del espacio habitado por el hombre, tanto en el ámbito planetario como en el local y regional. Una de las tendencias que se aprecian es el reforzamiento de las llamadas ciudades locales o mejor: ciudades lugares; junto a un cambio profundo en la conformación de las grandes aglomeraciones metropolitanas. El largo confinamiento provocado por la pandemia puso de manifiesto las falencias del sistema económico mundial, su exagerada dependencia de flujos de información, datos y mercancías, de tráfico de bienes y personas a largas distancias, pero también la debilidad que significa la subordinación a unos pocos monopolios que dominan las posibilidades de esos movimientos.

También puso de manifiesto que la exagerada separación entre la vida familiar, la comunitaria y el trabajo es causante no sólo de enormes costos de tiempo y movilización, sino de carencias en las relaciones afectivas entre los seres humanos. De allí que la gente busque las ventajas que tienen las comunidades locales, pero sin perder las ventajas de las conexiones globales, dos asuntos que es menester conciliar adecuadamente. Un camino es el desarrollo de comunidades locales muy activas y dinámicas, la descentralización del poder y de la economía, la promoción de medios alternativos de conectividad y de producción de servicios informáticos.

La ciudad lugar es aquella que le presta servicios a sus propios habitantes y a su entorno, la ciudad global son las especializadas en bienes y servicios planetarios o que les sirven a grandes extensiones del mundo. Hoy los problemas de la globalización ponen las cosas difíciles a estas últimas y ofrecen oportunidades a las primeras que deben saber aprovechar. Las ciudades locales, más pequeñas, son más autónomas y gobernables. Las ciudades globales en cambio son dependientes de mercados externos, de redes de proveedores y clientes lejanos. Aunque ahora todas estén entrampadas en las redes financieras e informáticas globales, que son monopólicas y especulativas, razón por la cual es importante saber cómo surfear las fuerzas hegemónicas mundiales y tratar de traducirlas a lo local. Algo que se puede hacer con base a identidad e innovación, tradición y vanguardia, conocimiento y sabiduría y vigorosos procesos de construcción de capital social, es decir, redes de confianza en el lugar.

Las ciudades lugares, o comunidades locales, caracterizadas por esta vocación vecinal, se pueden reproducir a lo interno de las grandes ciudades, incluso en esas urbanizaciones o fraccionamientos exclusivos, herméticos y que reúnen las características de no-lugares, transformándolos en verdaderas comunidades humanas, donde la gente pueda vivir en armonía con las familias cercanas, con servicios vecinales y espacios públicos compartidos.

El mundo tiene hoy la oportunidad de rectificar los caminos que condujeron a este modelo donde predomina la codicia, la concentración, la competencia, la contaminación, el desperdicio, el consumo, la inequidad y otros males, para ir por senderos de mayor solidaridad, diversidad y armonía. De conexiones respetuosas con los demás y con el medio natural. El lugar es el espacio por excelencia de la gente y su vivir en comunidad. Es el territorio propio del convivir y por ello es diverso y heterogéneo, como la vida y la naturaleza.

El lugar, como síntesis de espacio y tiempo, expresa la cultura propia que emerge de las múltiples y complejas relaciones que se dan entre los seres humanos, los demás seres vivos y el territorio, con sus climas, sus relieves, sus aguas y sus prodigiosas dinámicas. De los lugares proviene la maravilla de un mundo diverso y heterogéneo, no esos sitios aburridos de tanto parecerse unos a otros, como las modas que acaban uniformando a todos con la pretensión de ser distintos. El lugar es propio la de gente y la familia, del ciudadano y la sociedad civil. Es el espacio para la participación en la forja de un mejor planeta.

La ciudad lugar es una alternativa en las estas nuevas realidades tan apremiantes. Una opción para que se multipliquen y revivan a lo largo y ancho del mundo. También al interior de esas ciudades que parecieran hechas para los carros y no para los seres humanos. Multiplicar el espíritu de las ciudades locales en el seno de las metrópolis para volverlas más humanas.

I. 8   *LOS INUSITADOS CAMINOS DE LA LUGARIZACIÓN*

La pandemia ha puesto de manifiesto que el sistema alimentario mundial ha servido más para engordar la codicia que para satisfacer las alimentarias de la humanidad. El rompimiento de las cadenas de suministro provoca que, mientras los agricultores se arruinan con las cosechas en los campos, los consumidores están frente a pocos y costosos productos. En iguales circunstancias están los productores y los consumidores de carne, pescado, leche y huevos. Este fenómeno de la crisis de las cadenas de suministros como consecuencia del virus afecta de manera parecida a todo el sistema productivo mundial que dependía de las interconexiones globales. De esta manera, en aquellos territorios que ofrecían insumos baratos, incluyendo la mano de obra, concentraron la producción de los componentes; entre tanto, los lugares centrales asumían el ensamblaje final, las marcas y el control del mercado.

El sistema mundial se globalizó para satisfacer principalmente las exigencias de la codicia de las organizaciones financieras y las grandes corporaciones. Es cierto que los enormes avances en ciencia y tecnología y en los sistemas de información incrementaron la productividad, pero tal como se puso en evidencia en la crisis financiera de 2008 y en especial en la actual, esos avances tenían los pies de barro al concentrar la elaboración de partes en lugares diversos y especializados, deteriorando la seguridad de suministros locales, erosionando la autonomía de los lugares y propiciando una enorme dependencia planetaria para la producción de cualquier bien o servicio.

En el caso de la agricultura, las semillas provienen de diversos sitios y proveedores, los agroquímicos de otros, y así la maquinaria y equipos, envases, transportes, mano de obra y, en fin, una deslocalización de procesos que ahora en estos tiempos que se viven no funcionan, con las consecuencias anotadas. Y así lo sufren los productores de equipos electrónicos, de muebles, textiles, automóviles y, más grave aún, de medicamentos.

Ahora se despliegan iniciativas para conectar más directamente a los productores y consumidores, llevando por ejemplo alimentos frescos de la granja a la familia, pero también exquisitos platos de los fogones a las mesas hogareñas, libros del escritor al lector, muebles de la carpintería a la casa. A otra escala y a título de ejemplo el componente de un electrodoméstico del proveedor local o cercano a la línea de ensamblaje y de aquí al usuario, y así con un equipo de electrónica o un vehículo, con los cual los enormes costos de transporte bajan sustantivamente.

Son muchas las voces autorizadas que registran esta tendencia en plena pandemia y pronostican que será uno de los arreglos que se esperan en el mundo. Incluso las entidades multilaterales, hasta hace poco furibundas globalistas, rectifican sus recomendaciones y ahora plantean "volver a los orígenes" mediante un proceso conocido como "reshore", que no es otra cosa que producir la cadena de suministros cerca de donde se encuentra la empresa matriz, generando valor al lugar, creando empleo local y utilizando los recursos cercanos. Ya se registran grandes movimientos de empresas que regresan a sus países y regiones con todos sus stakeholders o entidades relacionadas.

En estos procesos adquiere notable importancia el mejoramiento de los entornos locales, la mejora sustantiva del llamado capital social, de la calidad de vida del lugar, la cualificación de su gente, el mejoramiento de los sistemas de información, el desarrollo de plataformas digitales que puedan agilizar los datos a los distintos elementos de los sistemas productivos descentralizados.

Todo esto va acompañado de la revalorización de los espacios cercanos, íntimos, como la casa, el lugar y la ciudad, como territorios donde discurre la trayectoria vital de cualquier ser humano. De manera que si la economía se "lugariza", con mayor razón la vida humana. La puesta en valor de lo local es una de las realidades que nos esperan, sin despreciar las ventajas de la globalización del conocimiento, de la ciencia, la tecnología y la información, aunque también sucede la localización de muchas de estas tendencias: conocer más y mejor lo local, hacer más denso el capital social de las localidades, lugarizar las plataformas digitales y demás.

Es importante anotar cómo esta pandemia, que ha sumido a la humanidad en una grave crisis, puede a la larga producir un modelo de desarrollo más humano y, con ello, hacer más factible la Agenda 2030 y el cumplimiento de los Objetivos del Desarrollo Sostenible.

I. 9 *LUGARIZACIÓN, UN NUEVO CAMINO*

La pandemia que ha obligado a casi todo el mundo a vivir en su casa pone de manifiesto la importancia de determinadas realidades locales y determinadas realidades globales. Se valora la calidad del lugar donde se vive, al igual que sus posibilidades de conexiones globales. Lo mejor de lo local y de lo global. También pone de relieve las deficiencias de uno y otro espacio y, en consecuencia, abre caminos para aprovechar con sabiduría las ventajas de ambos ambientes.

Como es natural en un mundo diverso, las alternativas y propuestas van de extremo a extremo, desde reducirse a un espacio íntimo y natural hasta hacerse global totalmente, sin linderos. También abundan las predicciones de que nada cambiará. Las noticias traen las tendencias crecientes de rehabitar las aldeas o centros poblados menores buscando lo que los fraccionamientos de las grandes ciudades no tienen, o traer el campo a la ciudad sembrando en terrazas, balcones y azoteas, o en parques y glorietas.

Como es natural en un mundo diverso, las alternativas y propuestas van de extremo a extremo, desde reducirse a un espacio íntimo y natural hasta hacerse global totalmente, sin linderos. También abundan las predicciones de que nada cambiará. Las noticias traen las tendencias crecientes de rehabitar las aldeas o centros poblados menores buscando lo que los fraccionamientos de las grandes ciudades no tienen, o traer el campo a la ciudad sembrando en terrazas, balcones y azoteas, o en parques y glorietas.

La propuesta del proceso de "glocalización" toma cuerpo, pero este concepto se vincula con localizar en un lugar lo que es global, más que desplegar las potencialidades locales. Algo global localizado en un lugar puede ser meramente su emplazamiento en ese sitio, sin mayores conexiones locales, lo que comúnmente en economía se llama un "enclave". Les interesa el mercado, algún recurso allí presente, la mano de obra barata o determinados incentivos allí establecidos, pero no necesariamente surgen de la localidad o se insertan en sus procesos.

Lo mejor de lo local es el clima de confianza y seguridad que ofrece el lugar, su espíritu de comunidad, el grado de capital social, la cercanía de bienes y servicios, los lugares públicos de calidad para el encuentro entre las personas y con la naturaleza. Esas urbanizaciones estándar, con casas y edificios iguales, sin espacios públicos de calidad, que dependen de los viajes al centro o a la ciudad cercana no son lugares propiamente dichos, son no-lugares es decir espacios sin identidad, donde prácticamente no existen intercambios sociales. Lo mejor de la globalización es la posibilidad de mantenerse informado y poder informar, realizar intercambios de bienes y servicios, sus posibilidades de aprendizaje y recreación. La globalización de la codicia es su peor cara y se traduce en todos los mecanismos que sustraen de los lugares sus ahorros y recursos, les matan su identidad y les ahogan las posibilidades de desplegar sus energías creativas.

Precisando el concepto, un lugar propiamente dicho es una síntesis superior de los procesos geo históricos que se dan en un territorio, resultado de la interacción de los seres humanos entre sí, entre ellos y la naturaleza, en un determinado transcurso de tiempo, que le determinan un carácter particular y específico, es decir, una identidad. Puede ser un barrio de una gran ciudad o una aldea, un condominio o una urbanización. Lo importante es que exista una conexión humana, una comunidad de personas y espacios donde esas conexiones se den de manera personal, cara a cara. Un lugar tiene vida. Los espacios que no tienen vida son no-lugares.

Existen urbanizaciones y complejos residenciales nuevos que tienden a ser lugares porque se diseñaron para ser espacios donde se convive y se comparte, espacios a escala humana, donde todo está cercano al alcance de una caminata. Pero donde todo depende de un transporte, sea un coche particular, un autobús, metro o cualquier medio de transporte masivo tendría una escala que escapa al concepto de lugar. Un lugar es una comunidad definida en términos territoriales y de relaciones humanas, con la cual la persona siente vínculos de pertenencia. La primera característica del lugar es que puede circunscribir todos los ámbitos vitales del ser humano.

En tiempos de globalización y de la sociedad del conocimiento, el lugar tiene exigencias que van mucho más allá de los asuntos tradicionales propios de la vida local. La calidad de sus servicios tendrá que ser de "calidad mundial" pues sus habitantes están informados y tienen expectativas, y entre esos asuntos están sus conexiones con la sociedad de la información. De allí que el gobierno local y la comunidad cívica tienen nuevos desafíos. Y aquí se trata del gobierno y la comunidad cívica de la ciudad, del barrio, del condominio o de la aldea. Incluso de las conexiones globales entre estas comunidades locales, para aprender entre ellas sobre las dinámicas de las nuevas realidades.

A estas alturas se puede decir que la lugarización es un proceso que vive un lugar para mantener su identidad e incorporarse eficazmente en lo global. Es decir, un proceso auto-recreación permanentemente manteniendo sus coherencias básicas y adaptándose sin rupturas sustantivas a la sociedad del conocimiento. La lugarización compromete, entonces, la propia naturaleza del lugar como un cambio permanente, donde la identidad que particulariza esa determinada realidad entra en armonía con los cambios que la adaptan a la vanguardia, sin sacrificarla, antes, por el contrario, reforzándola. La lugarización es un proceso paralelo a la globalización, que determina que un lugar traduce las fuerzas de lo global a su particular manera de ser. Es una nueva síntesis creativa, innovadora, que mantiene lo esencial de un lugar y a la vez le permite entrar con éxito al mundo global. Parece ser que la pandemia ha logrado que se entienda qué es lo mejor de lo local y lo mejor de global. La lugarización es un camino.

I. 10 *UNA OPORTUNIDAD PARA HUMANIZARNOS*

Una de las ventajas de la globalización es que hizo visibles temas que antes no lo eran, o al menos no lo eran de manera tan explícita. Uno de esos asuntos, fundamentales, es la profundidad y la extensión de la pobreza. Por contraste, también hizo visible la reducida y ostentosa concentración de la riqueza en muy pocos. También la visibilidad de la corrupción vinculada a los poderes públicos y a la economía de la codicia, tal como la especulación financiera, los monopolios globales, el narcotráfico y la trata de seres humanos.

Otro tema es la articulación global de fenómenos locales, las epidemias y pandemias, los huracanes y desastres naturales, que hacen que la gente tome conciencia de los grandes responsables de los cambios en el clima, pero también del poder de acciones localizadas en su área de influencia.

Sin el efecto demostración de los anteriores, prende la alarma la extensión de los "no –lugares" que dan pie a una especie de no– existencia humana, personas reducidas a meros clientes, sean pasajeros de un vehículo, pacientes de un consultorio, alumnos de una escuela o transeúntes de una plaza. Son sitios estándar, sin identidad alguna, repetidos incansablemente en países y ciudades, como los "mall" o centros comerciales que se llevan la corona en esto de ser "clones" unos a otros. Son las catedrales de la codicia, de las cadenas, de las franquicias y de todo lo que significa la "economía no-humana". Son lugares que localizados en cualquier parte que no tienen relación con ninguna parte. Relación de identidad, me refiero.

Ahora, más recientemente, se amplía el mundo de las "no-cosas", como las denomina el filósofo Byung-Chul. Han, nacido en Seúl y formado en Alemania, que incorpora el pensamiento budista a la filosofía occidental, autor de un reciente ensayo "No – cosas: Quiebras del mundo de hoy" en el cual reflexiona sobre "Hoy en día, el mundo se vacía de cosas y se llena de información inquietante como voces sin cuerpo. La digitalización desmaterializa y descorporeiza el mundo. "En lugar de guardar recuerdos, almacenamos inmensas cantidades de datos". Ante las severas críticas a las carencias éticas de Mark Elliot Zuckerberg jefe del imperio Facebook y su huida hacia adelante con su proyecto "metaverso" que es la creación de una realidad paralela y virtual, Han afirma que se trata de que "puedes habitar un cuchitril sin ventanas y ver el paraíso con unas gafas carísimas; puede que no tengas dinero para una vivienda digna, pero sí para una virtual". Y rescata la necesidad de un mundo tangible y sólido –aludiendo a la realidad líquida de Bauman–. El mundo banal, diría el geógrafo brasileño Milton Santos.

"La razón y la técnica están llegando a un callejón sin salida", dice el teólogo Pablo D'Ors en una conversación con el filósofo Juan Arnau, al tocar el tema de la carrera desbocada hacia una tecnología carente de ética y sólo movida por el afán de lucro, por el motor de la codicia. En su celebrada carta encíclica *Caritas in veritate* Benedicto XVI, planteó con meridana claridad la necesidad de agregar a las diversas dimensiones del desarrollo sostenido la dimensión espiritual a las diversas dimensiones del desarrollo sostenible, tales como la política, la económica, la social, la tecnológica y la ambiental la dimensión espiritual.

Luis SANDIA al analizar esta carta encíclica plantea que el "desarrollo humano no puede ser solo visto desde la perspectiva de la economía y del mercado. Si solo dependiera de esas variables, no sería tan evidente el fracaso del modelo de desarrollo económico practicado hasta ahora, el cual, sin valores morales y espirituales superiores como el amor, la caridad, la verdad y la justicia, ha generado, por un lado, la acumulación de la riqueza material en una parte de la población, pero por otro, ha negado la posibilidad de desarrollo integral de grandes cantidades de habitantes del planeta quienes viven en medio de la pobreza y el atraso social".[4]

Todo esto es una oportunidad que empieza a movilizar a mucha gente. A tomar consciencia de que el mundo no puede seguir una ruta contraria a la persona humana y a su nicho ecológico: la tierra.

---

[4]   Sandia, L. (2014). "El desarrollo humano integral, desafío de la sociedad actual". *Boletín del Archivo Arquidiocesano*. No. 110, octubre-diciembre 2013. pp. 73-77

Para el gran proyecto humano son oportunidades las series de crisis que azotan el presente de la humanidad: la pandemia, la pobreza y las desigualdades, el cambio climático y sus consecuencias humanas y económicas, el terrorismo y el narcotráfico, las emigraciones masivas, la globalización de la codicia, la corrupción y el descontento de la mayoría de la humanidad que perciben cómo los problemas se acumulan, mientras los liderazgos mundiales acusan sus serias falencias.

Una de las mejores clarinadas ha sido la carta encíclica "Alabado seas", un verdadero tratado sobre la situación de la "casa común", como llama a la creación, sobre las causas de los males que la aquejan y sobre las acciones globales, locales y personales que es necesario emprender: Dice en uno de los párrafos: "106. El problema fundamental es otro más profundo todavía: el modo como la humanidad de hecho ha asumido la tecnología y su desarrollo junto con un paradigma homogéneo y unidimensional." Y más adelante. "112. Sin embargo, es posible volver a ampliar la mirada, y la libertad humana es capaz de limitar la técnica, orientarla y colocarla al servicio de otro tipo de progreso más sano, más humano, más social, más integral.

Byung Chal Ha nos recuerda que la supremacía ética de la persona humana, que es universal y válida en todo tiempo y lugar, implica una responsabilidad con el entorno ecológico que se traduce, necesariamente un compromiso personal que, si no se traduce en acciones en su casa y en su sitio, sólo se queda en discurso. Para alimentar la esperanza, recojo las palabras de Alabado seas: "205…No hay sistemas que anulen por completo la apertura al bien, a la verdad y a la belleza, ni la capacidad de reacción que Dios sigue alentando desde lo profundo de los corazones humanos".

Es la hora de la acción desde todas las personas y todos los lugares. Es la hora que la humanidad reaccione. Es la hora de corporaciones como esta, la Academia de Mérida, que desde las cumbres andinas venezolana iluminan el entorno nacional y local.

Un nuevo paradigma es posible y no es otro que humanizar la humanidad. Y el camino se inicia y se camina conversando, en un lugar como este.

BIBLIOGRAFÍA

BAUMAN, Zygmunt. *La Modernidad Líquida*. Fondo de Cultura Económica, 2002.

BERGOGLIO, Cardenal Jorge Mario, *Humanitas* N° 47 en julio de 2007.

Benedicto XVI. *Caritas in veritate-Caridad en la verdad-* Librería Editrice Vaticana. San Pablo. Caracas. 2009.

BYUNG-CHUL Han. *La sociedad del Cansancio*. Editorial Herder, Barcelona, 2012.

__________. *No cosas: quiebras del mundo de hoy*. Taurus. 2021.

BOFF, Leonardo. *El Cuidado Necesario*. Editorial Trotta. 2012.

CASALDÁLIGA, P. "Utopía necesaria como el pan de cada día". *Revista CLAR*, 44, 2006. https://revista.clar.org/index.php /clar/article/view/671, 71 - 7.

FRANCISCO, P. *Carta Encíclica Alabado Seas*. Tipografía Vaticana. Roma 2015

GONZÁLEZ CRUZ, Fortunato. "El Gobierno de la ciudad". Universidad de los Andes. Vicerrectorado Administrativo. Mérida, 2014.

__________. *Lugarización*. Fondo Editorial Universidad Valle del Momboy. Valera 2013.

MARINA, J. A. *La Inteligencia Fracasada: teoría y práctica de la estupidez*. Anagrama. Barcelona 2004.

MATURANA, Humberto y DÁVILA, Ximena. "La gran oportunidad: fin de la psiquis del liderazgo en el surgimiento de la psiquis de la gerencia co-inspirativa". *Estado, Gobierno, Gestión pública. Revista Chilena de Administración Pública* N° 10 diciembre 2007, p. 101.

MATURANA Humberto. "Entrevista a Humberto Maturana sobre la naturaleza del hombre". culto.latercera.com/2017/03/27/

SANDIA, L. (2014). El desarrollo humano integral, desafío de la sociedad actual. Boletín del Archivo Arquidiocesano. N° 110, octubre-diciembre 2013. pp. 73-77.

VIVIR EN MODO DIGITAL

Francisco González Cruz

Discurso de respuesta al trabajo de la
Dra. Beatriz Sandia Saldivia para su ingreso como
Miembro Correspondiente Estadal

"Cuando despertó, el dinosaurio todavía estaba allí"

Augusto Monterroso

Ante todo, quiero expresar mi agradecimiento a la Academia de Mérida, a su Junta Directiva, por haberme seleccionado para ofrecer el discurso de respuesta al trabajo de incorporación presentado por la Dra. Beatriz Sandia Saldivia como Miembro Correspondiente Estadal en el área de las Ciencias Físicas, Matemáticas, Naturales, Químicas, de la Salud y Tecnología, titulado "Vivir en Modo Digital. Una Mirada a la Sociedad Actual". Mi estimado colega y amigo Dr. Luis Sandia, presidente de su Junta Directiva, sabe que pensé un tiempo aceptar tan alto honor, pues no es fácil entrar a los terrenos en los cuales uno no es baquiano. Pero era la primera vez que esta corporación me solicitaba una tarea semejante y no era cortés la declinación de este honor. Además, representó una oportunidad para recorrer los caminos de estas nuevas realidades de la mano experta y didáctica de la Dra. Sandia Saldivia, y surfear las lecciones de un maestro como el Dr. Jonás Montilla, de tal manera que quiero agradecerle a la nueva académica la oportunidad de sus lecciones y, sobre todo, sus reflexiones sobre unos asuntos tan definitivos para todos.

La Doctora Sandia plantea que *"el avance de las tecnologías define a la población en función de la época en que nació y le ha tocado vivir. Así, las personas nacidas entre los años 40 al 60, generación llamada "baby boomers" se les definen como inmigrantes digitales. Son individuos que estuvieron expuestos a la radio, televisión y teléfonos fijos, no había videojuegos o móviles en su infancia"*. Entonces, uno se va a los tiempos raizales, y constata que no es solo el tiempo el que define a las personas; también lo hace el lugar, pues habiendo nacido Fortunato y yo en la generación *"baby boomers"* pues nada tuvimos que ver con la explosión de nacimientos luego de la segunda guerra mundial, ni estuvimos expuestos a la televisión ni a teléfonos fijos, pues a nuestro pueblo de La Quebrada Grande no había llegado ni la carretera; la línea telefónica que venía de Trujillo, pasaba por San Lázaro y Santiago para llegar a Valera, tardó unos 10 años en llegar a nuestro pueblo, y la luz la "echaba" Pedrito Montilla cuando empezaba a oscurecer, pues tenía que abrir la compuerta para que las aguas del Mitifafé, el río íntimo, corriera por el canal a mover la turbina Pelton que haría girar el generador de electricidad que prendería los escasos bombillos de la calle y los de la casa, todo gracias a la empresa Medici y Miliani Electricidad de La Quebrada, C.A.

Para estudiar utilizábamos una "tabla" parecida a la actual "tablet", es decir, una pizarra de tamaño personal, inalámbrica, sobre la cual se escribía con un lápiz de piedra de grafito, parecido a los lápices que usan las Tablet, hasta que llegó la tiza. La cargábamos en el bulto o marusa que llevábamos a la escuela, al patio de la casa y al lugar de hacer las tareas. Allí escribimos las primeras letras y palabras, las operaciones aritméticas, algunos dibujos y versos como los de Lope de Vega:

Juntáronse los ratones

para librarse del gato;

y después de largo rato

de disputas y opiniones,

dijeron que acertarían

en ponerle un cascabel,

que andando el gato con él,

librarse mejor podrían.

Salió un ratón barbicano,

colilargo, hociquirromo

y encrespando el grueso lomo,

dijo al senado romano,

después de hablar culto un rato:

- ¿Quién de todos ha de ser

el que se atreva a poner ese cascabel al gato?

Ahora caigo en que éramos de la edad de piedra, al menos de la piedra pizarra, y estamos aquí hablando de Inteligencia Artificial y que vivimos todos estos años tratando de caminar, correr y ahora saltar, de generación en generación, consolidando aquello que no cambia –o no debería cambiar– y aprender a balbucear en las nuevas realidades.

Una primera reflexión es que, a nosotros, a todos nosotros, nos ha tocado aprender y desaprender a nuestro ritmo, pero los nativos de hoy, que están obligados a desaprender y aprender velozmente, porque ya saben que están a minutos de quedar obsoletos, ¿cómo aprenden lo que no debe cambiar?

Los distinguidos académicos que propusieron el nombre de la doctora Beatriz Sandia Saldivia presentaron un currículo, debidamente contrastado. No abundaré en él porque ya se leerá cuando corresponda en este acto. Se trata de una merideña raizal con una sólida formación académica y un brillante desempeño profesional, reconocido ampliamente, incluso en el seno de esta corporación donde ha presentado diversos trabajos, fruto de su vocación y su talento. Personalmente no he tenido el gusto de tratarla sino muy ocasionalmente, sí conocí al caballero que fue su padre, Román Eduardo Sandia Briceño, y un tanto más a su madre Martha, de reconocida trayectoria académica y política, apasionada por su ciudad, por su estado y por la libertad y la democracia.

Ingresa a esta Academia con un trabajo que ha titulado "Vivir en Modo Digital. Una Mirada a la Sociedad Actual", un ameno recorrido por la historia de la civilización desde los tiempos primitivos hasta la sorprendente sociedad presente, con el apoyo de una bien seleccionada bibliografía que pone en evidencia su experticia en la investigación. Su trabajo, además, está escrito en un lenguaje sencillo, limpio de palabras y frases rebuscadas, lo que hizo placentera su lectura.

Por ello no voy a cansar al distinguido auditorio con una exégesis de su trabajo ni de su discurso de incorporación. Me limitaré a unas pinceladas y un breve comentario de sus conclusiones y reflexiones.

Nuestra nueva académica usa las frases "sociedad agrícola", "sociedad industrial", "sociedad del conocimiento" y "sociedad digital" para ampliar la visión más restringida de "revolución agrícola", o "industrial" muy usadas en la literatura, lo que constituye un primer aporte de su excelente trabajo que ha dividido en 11 puntos: 1. *De la Sociedad Agrícola a la Sociedad Digital.* 2. *Tecnología y cultura.* 3. *Tecnología y sociedades modernas.* 4. *Medios de comunicación y digitalización de la acción colectiva.* 5. *Del ciudadano del siglo XX al ciudadano digital.* 6. *Sociedad digital y enfoques educativos.* 7. *Sociedad Digital y enfoque laboral.* 8. *Demandas a las instituciones educativas para vivir en modo digital.* 9. *Sociedad Digital y la Medicina.* 10. *Sociedad Digital y la Guerra y por último un numeral.* 11. *Con sus reflexiones.*

En cada uno de esos capítulos expone, de la mano de calificados autores, los principales conceptos de este campo del conocimiento, conduciendo a lector a ver un "paisaje" bastante completo del mundo digital, sus diversas realidades, determinadas miradas particulares, consecuencias y diversas reflexiones.

En uno de ellos, el 5°: "Del ciudadano del siglo XX al ciudadano digital" recoge, al expresar la frase ya citada de que "Vemos como el avance de las tecnologías define a la población en función de la época en que nació y le ha tocado vivir", una clasificación de las personas de acuerdo a la generación a la que pertenecen de conformidad con la aparición y evolución de las nuevas tecnologías. Esa codificación basada específicamente en cómo se comunican y consumen contenido, elaborado por Coolhunting Group (2017), que cita con detalle, son 6 generaciones, a saber: generación silenciosa" a las nacidas entre 1925 y 1944; las nacidas entre los años 40 al 60 o *"baby boomers"*, se les definen como inmigrantes digitales; luego la "generación X", donde se ubican las personas nacidas entre 1961 y 1981, se les conoce como los grandes impulsores de la tecnología. A los nacidos entre 1981 y 1995, se les ubica en la "generación Y", y se les conoce como la generación Millennials o nativos digitales; y a los nacidos después de 1995 se les conoce como la "generación Z" y es una generación que ha nacido inmersa en Internet y las TIC. Los hijos de los Millennials, después del año 2012, es la generación digital desde que nacen y "son consumidores de vídeo desde antes de cumplir el año y son capaces de navegar por las aplicaciones y encontrar los vídeos que les gustan sin necesidad de saber leer. *Es una generación que pensará en la tecnología como algo integrado a sus vidas, no como una herramienta*".

De allí, de esta última idea emerge el concepto de ciudadanos digitales, así como la de la necesidad de procesos formativos diferentes. Ambos temas sujetos a amplísimas miradas, enfoques, polémicas y alternativas, tantas como las visiones que se tengan de lo humano y de lo tecnológico, las confianzas que despierten los caminos, y, sobre todo y particularmente, las realidades concretas que se vayan presentando en un proceso que navega en un mar de incertidumbre, en focos de intereses muy particulares, muchos de ellos nada humanistas y si articulados al desmadre de la codicia.

Por ello remata su trabajo con unas reflexiones, la mayoría de ellas centradas en los indudables beneficios de las tecnologías al quehacer humano y a la necesidad de trabajar, sobre todo en el campo educativo, para potenciar todas las posibilidades que ofrecen. Pero también advierte que, *"si bien la tecnología no es perversa en sí misma, los usuarios, los inventores o los promotores de una tecnología sí pueden serlo"*. Y lamentablemente estamos viendo que ya no es una herramienta que el hombre somete, como también lo afirma nuestra nueva académica, es el individuo dominado por la herramienta, que, a su vez es producida por muy pocas corporaciones controladas por muy pocas personas, algunas de ellas muy conocidas y reconocidas como pésimos ciudadanos, no digitales, sino comunes y corrientes.

Y concluye de manera terminante: *"su utilización sin conciencia de los riesgos que conllevan, genera nuevos retos a la dignidad humana en todos los aspectos: desigualdad, discriminación, violencia, amenazas a la privacidad y la seguridad individual, entre otros su utilización sin conciencia de los riesgos que conllevan, genera nuevos retos a la dignidad humana en todos los aspectos: desigualdad, discriminación, violencia, amenazas a la privacidad y la seguridad individual, entre otros"*.

Los titulares de las redes y noticieros van más por estos llamados de alarma, que por las múltiples ventajas de vivir en modo digital. "Los avances tecnológicos, los algoritmos, la inteligencia artificial ya no nos cautivan como puentes paradisíacos hacia el futuro y en todas partes el temor y la duda reinan sobre la ilusión" dice uno de ellos.

Paul KRUGMAN afirmó el 25 de diciembre del año pasado en su columna del New York Times: "La verdad es que no es ninguna sorpresa que el progreso tecnológico y el aumento del producto interior bruto no hayan creado una sociedad equitativa y feliz. Entonces, ¿qué ha pasado? Parte de la respuesta, sin duda, reside en la escala de concentración de riqueza que se da en la cima. Incluso antes del fiasco de Twitter, muchos comparaban a Elon MUSK con Howard HUGHES en sus años de decadencia. Pero el patrimonio de HUGHES, incluso medido en dólares de hoy, era una minucia comparada con el de Musk, incluso después del reciente desplome de las acciones de Tesla. Más en general, las mejores estimaciones disponibles apuntan a que la cuota de la riqueza total en manos del 0,00001% más rico hoy es casi diez veces mayor que hace cuatro décadas. Y la inmensa riqueza de la super-élite moderna acarrea muchísimo poder, incluido el poder de comportarse como críos".

Entre el trabajo de la Doctora Sandia, la primera versión de estas palabras y estos momentos han pasado muchas cosas muy importantes. Hay quien dice que un nuevo Internet está naciendo con las capacidades de herramientas de IA generativa, el Metaverso, le Genómica, el Blockchain, las "superapps" y la capacidad de innovación multiplicada exponencialmente. Así crecen las expectativas que rápidamente son superadas por la realidad, como se expanden así mismo las advertencias y las preocupaciones lógicas en una realidad que se transforma a velocidad extrema. El mismo grupo de la Academia de Mérida ha sido un buen lugar para divulgar estas nuevas realidades.

"De nosotros depende tener posiciones y respuestas conscientes y claras ante los retos que platean las tecnologías, y que ellas sean realmente canales de esperanza para honrar la dignidad humana y fomentar la ciudadanía global, donde los beneficios de las tecnologías estén a disposición de esta ciudadanía"; nos dice en sus reflexiones nuestra nueva compañera Beatriz Sandia Saldivia.

Unas notas finales:

- La primera es que, frente a los poderosos intereses en juego, está clara la pregunta: "¿Quién de todos ha de ser, el que se atreva a poner, ese cascabel al gato?"

- La segunda es una referencia a Isaiah Berlin, pues cuando escribió uno de sus mejores libros, el que trata sobre las ideas políticas y la ética, no encontró mejor título que el de "*El fuste torcido de la humanidad*".

- La tercera es una lectura o una mirada sobre el epígrafe, considerado como uno de los cuentos más cortos de la lengua española. El cerebro de reptil o reptiliano, que se encuentra en las zonas más profundas del cerebro es el que se activa instintivamente frente a un fuerte estímulo externo, sin razonamiento, no acepta abstracciones, es sí o es no, sin términos medios, es visual y hay quienes sostienen que es en realidad el responsable de tomar la mayoría de las decisiones y no la neo corteza, el cerebro que piensa, que entraría a justificarlas por medio de la razón: *"Cuando despertó, el dinosaurio todavía estaba allí"*.

El asunto central será entonces si vivir en modo digital es también vivir en modo más humano. Para enriquecer esta perspectiva, en el marco de la razón de ser de esta Academia, damos la bienvenida a la Dra. Beatriz SANDIA SALDIVIA.

Mérida 8 de febrero de 2023

II. LUGAR Y CIUDAD

LA LUGARIZACIÓN Y LOS DESAFÍOS DE LA GESTIÓN URBANA: LA NUEVA NATURALEZA DE LAS CIUDADES

II. 1 *LA REVOLUCIÓN DEL CONOCIMIENTO Y LOS LUGARES*

La globalización, entendida como los múltiples procesos de interconexiones complejas (1), cambió la naturaleza de las ciudades, de los lugares, del territorio. Las ciudades tienen su razón de ser en el desarrollo de las fuerzas productivas y nacieron cuando estas evolucionaron de tal naturaleza que permitieron la vida sedentaria y la división del trabajo. Con la Revolución Agrícola las ciudades adquirieron mucha importancia y de hecho buena parte de la historia de la humanidad, por lo menos durante los primeros seis mil años, fue la historia de sus ciudades. Ellas recibieron la atención de los más importantes intelectuales y las estudiaron, las planificaron, les diseñaron distintas formas de gobierno, sus funciones, estructura, les cantaron y les escribieron hermosos poemas.

Con la Revolución Industrial las ciudades crecieron en tamaño, adquirieron población, pero perdieron importancia desde el punto de vista geopolítico, pues el surgimiento de las naciones-estado modernas, consecuencia de la lógica concentradora y centralizadora del modelo productivo, les arrebató casi todas sus competencias políticas. La historia de los últimos tres siglos ha sido, fundamentalmente, la historia de las naciones y la de sus relaciones entre sí. Sin embargo, las ciudades siempre merecieron la atención de los mejores pensadores y su adecuada planificación dio como resultado muchas ciudades hermosas y eficientes en todo el planeta.

Ahora cuando está en pleno desarrollo una nueva revolución, la del conocimiento, la de la ciencia y la tecnología, la de las nuevas tecnologías de la información y las comunicaciones o como se la quisiera, llamar toca a las ciudades un nuevo papel, tanto o más protagónico que el de los primeros tiempos, pero de naturaleza diferente.

El desarrollo de las nuevas tecnologías que cambian las formas de producir, distribuir y consumir, y particularmente las tecnologías de la información y las comunicaciones, están alterando rápida y profundamente la organización de los espacios territoriales y las formas cómo se relacionan los seres humanos entre sí y con el territorio.

Seis nuevas tecnologías transforman al mundo: la microelectrónica, las computadoras y demás aparatos de procesamiento de datos, las telecomunicaciones, los nuevos materiales, la robótica y la biotecnología. Los impactos cambian todo el modelo de funcionamiento de la sociedad y la economía y entre los más importantes está la globalización, entendida como la creciente integración económica entre bloques en el ámbito planetario, la extensión mundial de la información, el conocimiento, los usos y costumbres, los modelos de desarrollo y la extensión de los ámbitos de libertad, democracia y de justicia.

En el orden territorial los nuevos sistemas productivos y los ágiles sistemas de comunicación y de transporte, permiten ahora el acceso de cualquier persona, desde cualquier lugar, al mundo global. Hoy, y cada día más y mejor, una persona que tenga un canal de comunicación, aún cuando esté en un remoto sitio, puede relacionarse con cualquiera otra, aún cuando esta también esté distante. Puede enviar y recibir información, comprar y vender, leer y escuchar, hacer un curso o dictarlo, ver un espectáculo o presentarlo, establecer relaciones, invertir y miles de posibilidades más.

Esta realidad cambia radicalmente la naturaleza de los lugares, puesto que ahora todos tenemos, potencialmente, la posibilidad real de acceso al resto del mundo. La tecnología nos ha colocado al alcance de todo y de todos. Abre a sus ciudadanos la posibilidad de entrar en el mundo y que este entre a sus espacios. Se han derrumbado las barreras de la naturaleza y las distancias. Ahora todo puede estar cerca.

Hasta hace poco tiempo existía el privilegio absoluto de unos lugares donde se concentraba todo: la información, la producción, el consumo, la educación, la diversión y el poder. Las grandes aglomeraciones urbanas atraían a la población, a los líderes, a las inversiones y como consecuencia de todo ello concentraban también las oportunidades.

Toda persona que deseaba prosperar, si estaba en un lugar distante de esos centros, debía abandonarlo para irse a la gran ciudad. La población se marchó de los campos y las aldeas, se fue a las ciudades, que crecieron y ahora más de la mitad de la población mundial vive en ellas. En los países desarrollados más de las tres cuartas partes de la población es urbana y cerca de una cuarta parte de la población mundial vive en ciudades de más de 750.000 habitantes.

En ella misma, en la ciudad, no todos los sitios tenían la misma posibilidad de acceso y dentro de sí se desarrollaban espacios urbanos privilegiados a donde se tenía que ir en búsqueda de información, de trabajo, de bienes y servicios. Las grandes concentraciones urbanas desarrollaron a su vez sitios de mayor concentración. Determinadas áreas de la urbe concentraron todo y la densidad de ocupación del espacio se hizo enorme, subiendo los precios del suelo de manera exorbitante, así como los costes de los servicios.

De tal manera que un determinado espacio territorial presenta enormes territorios desocupados, mientras pequeños sitios concentran población y actividades. Muchas veces esos sitios no son los que precisamente ofrecen las mejores condiciones desde el punto de vista ambiental, de disponibilidad de recursos naturales u otras ventajas. Crecieron por diversas circunstancias, la mayoría asociadas a las economías que la propia aglomeración producía.

Esta situación está cambiando rápida y profundamente. Cada día crecen cuantitativa y cualitativamente las posibilidades de acceso a todos y a todo desde cualquier sitio, independientemente de su localización. Las posibilidades se distribuyen cada día más por los distintos espacios territoriales. El desarrollo tecnológico lo está haciendo posible.

Son infinitas las posibilidades que ahora tienen los lugares para ampliar y diversificar las alternativas para que la gente prospere. Por ejemplo, una de las causas más importante de la pobreza es la ignorancia, y esta está asociada al aislamiento tradicional de muchos lugares. Pues bien, estas nuevas tecnologías de las comunicaciones y de la información abren insospechados caminos para el aprendizaje de una enorme cantidad de conocimientos y destrezas, que representan posibilidades de empleo.

También el uso adecuado de estas tecnologías puede mejorar el desempeño de las organizaciones locales, que ahora pueden conocer otras experiencias, comentarlas con sus pares, recibir información, enviarla y abrirse a todo un mundo de posibilidades.

El gobierno local y regional puede ser también más eficaz al poder ofrecer a los ciudadanos mejores canales de comunicación y de consulta. Puede poner sus planes en la red, rendir sus cuentas, establecer enlaces con otros gobiernos, poner en línea sus formularios y otros papeles para el trámite de diversos asuntos.

Estas nuevas circunstancias, creadas por el desarrollo de estas nuevas tecnologías, están cambiando radicalmente la naturaleza de los lugares y por ello se hace necesario ir al estudio de estas nuevas realidades.

II. 2 *LUGARIZACIÓN*

Quisiera introducir el concepto de la "lugarización". En las ciencias geográficas la palabra lugar encierra una concepción muy especial. No sólo es un sitio, barrio, pueblo o comarca. Es, además, su paisaje propio que le da singularidad. Es una síntesis de sus componentes físicos y humanos. Es el resultado de su historia en ese marco natural específico. El lugar es una síntesis geohistórica concreta.

Se le dice "lugareño" a lo peculiar de sitios o poblaciones pequeñas o a los naturales de esos lugares. Es entonces el lugar, bajo esta acepción, un determinado espacio geográfico delimitado por un territorio relativamente pequeño, donde la gente vive en comunidad, con su clima particular, su topografía, sus tradiciones y sus retos. Se diría que cada lugar tiene su propio ambiente y su propia cultura.

Frente a la globalización, que tiende a desdibujar la singularidad de las personas, la puesta en valor de los lugares tiene que ver con la satisfacción de la necesidad de identidad, personal y comunitaria. La gente busca reencontrar su propia singularidad y la de los que con ellos viven. Reconocerse como únicos en esta "aldea global", en este mundo donde todos se parecen en su estilo de vida. Es la vuelta al individuo o, mejor dicho, a la persona.

Esta idea de la "lugarización" también tiene que ver con esta especie de "vuelta a las manos" que representa el despertar del interés por la artesanía, por las comidas típicas, por el turismo de posadas y por la naturaleza. Pareciera que el hombre busca en lo pequeño, en lo manual, en lo íntimo y en lo natural la identidad perdida por la estandarización de los estilos de vida. Muchas veces la gente abandona la bien programada comodidad de los grandes hoteles y va en búsqueda del calor natural de una posada, administrada un tanto empíricamente por una familia que le gusta atender forasteros.

Esta búsqueda de identidad personal tiene entonces en el orden económico la consecuencia del planteamiento de una economía "a escala humana" más o menos en el camino ya anunciado por E. F. Schumacher (1984) en su famoso libro: "*Lo Pequeño es Hermoso*".

Esta búsqueda de singularidad hace que la gente empiece a valorar lo que la identifica y la separa de lo demás. En las ciudades, barrios y en los pueblos la arquitectura típica es resguardada o restaurada, su folklore es de nuevo puesto en vigencia, se aprecian de nuevo los viejos platos de la culinaria tradicional, se rescatan los recuerdos que hicieron hito en el desarrollo del lugar, se cuida la calidad de vida comunitaria y se muestra con orgullo el resultado de ese proceso.

Muchas comunidades han rescatado su propio lenguaje, planifican y administran sus sistemas educativos para mejorar la calidad e introducir estos elementos locales o regionales, crean sus sistemas de seguridad y se organizan para enfrentar con éxito sus propósitos. Johann Gottfried HERDER, poeta y filósofo del siglo dieciocho, citado por Isaiah BERLIN (1999) decía: "*...así como la gente necesita comer y beber, tener seguridad y libertad de movimiento, así también necesitan pertenecer a un grupo*". Y afirmaba que el ser humano significa ser capaz de sentirse en casa en algún lugar. Herder consideraba que únicamente lo singular poseía valor genuino. Para él, dice Berlin, había pocas verdades eternas: el tiempo y el lugar y la vida social, lo que llegó a ser llamado sociedad civil, lo eran todo.

Lo cierto es que las necesidades existenciales de identidad y de participación, presentes desde el nacimiento mismo de la humanidad, encuentran sus mejores satisfactores desde el lugar concreto e íntimo que cada cual ocupa.

Lugarización, entonces, se refiere a los lugares como globalización al globo terrestre. Si la palabra globalización quiere significar todos los procesos que hacen de todo el planeta un solo espacio, la palabra lugarización quiere significar todos los procesos que revalorizan a lo local.

Una palabra que se usa mucho para referirse a este proceso de revalorización de lo local es localismo o localización. En este sentido son sinónimos de lugarización, aunque pareciera que se refieren más al proceso administrativo de transferencia de competencias, funciones o actividades a los niveles locales, sea de una empresa o del gobierno.

La palabra lugarización, en cambio, evoca mejor un proceso que va mucho más allá del ámbito administrativo y que envuelve una nueva dimensión de lo local, una revalorización de la naturaleza de la localidad, un cambio cualitativo en el ecosistema o hábitat comunitario. Son procesos múltiples en donde lo administrativo es solo una dimensión dentro de un complejo juego de relaciones que hacen de lo local algo mucho más importante y sustantivo de lo que era antes.

¿Cómo se define un lugar? Es el espacio territorial íntimo y cercano donde se desenvuelven la mayor parte de las actividades del ser humano. Generalmente, es el sitio donde una persona nació y creció, donde se educó, labró su personalidad, están sus familiares, cultivó sus amistades y con el cual estableció un vínculo afectivo. En una comunidad definida en términos territoriales y de relaciones humanas, con la cual la persona siente vínculos de pertenencia. Puede ser una aldea, un pueblo, un barrio o un condominio. Siempre será, necesariamente, un espacio geográfico limitado en su tamaño, de tal manera que la gente pueda establecer relaciones interpersonales.

El lugar es el territorio, en términos ecológicos, de una persona. Es la zona donde se establece su comunidad y donde está su historia, sus referencias topográficas, sus definiciones culturales, sus afectos, donde se gana la vida y donde pasa la mayoría de su tiempo.

Mucha gente tuvo que abandonar su lugar natural, donde nació y se crió, porque no le ofrecía oportunidades de prosperar, estudiar, trabajar o divertirse. Sin embargo, está demostrado que la mayoría de la gente no quería irse, lo hizo porque desde su lugar no tenía acceso a las oportunidades de ascenso. Incluso existen estadísticas que demuestran que la enorme mayoría de la gente en todo el planeta vive cerca del lugar donde nació. Por más que tenga que irse, la mayoría se va a un sitio cercano a lo que considera su lugar.

Este sitio íntimo tenía que ser abandonado si no coincidía con esos pocos espacios territoriales que concentraban el acceso a las oportunidades. Y la gente tenía que vivir en un nuevo sitio y desarrollar allí nuevos vínculos, nuevas relaciones, pero no se abandonaba del todo aquella querencia de origen. Se volvía a la tierra natal o se reproducían los recuerdos de alguna manera en los nuevos lugares, con el estilo de las construcciones, el nombre de los establecimientos, en la nomenclatura urbana, o en los clubes de paisanos, o en las mil distintas expresiones de la nostalgia.

Pero ahora todo comienza a cambiar. Las posibilidades que la ciencia y la tecnología ponen a disposición del hombre para relacionarse a escala planetaria están modificando la geografía humana, en particular la de los asentamientos humanos.

Si ahora la gente tiene posibilidades de acceso desde su lugar, este tiene un nuevo valor. Ya la gente no está estructuralmente bloqueada si no vive en un lugar que no sean aquellos pocos privilegiados por los procesos de concentración previos a la revolución tecnológica. Ahora puede relacionarse desde cualquier parte.

Entonces la calidad de la vida local tiene una nueva e inusitada dimensión. La gente tiene derecho no solo a una aceptable calidad de vida local, sino que esta le dé la posibilidad de acceso a lo global. Ya no cuenta que la localidad le ofrezca solamente aceptables servicios públicos y alguna que otra ventaja. Ahora cuenta mucho que la localidad garantice a la gente, además, posibilidades reales de competitividad a escala planetaria.

La competitividad global de una localidad significa muy buenas posibilidades de acceso a la información y a las telecomunicaciones, pero también una excelente educación, servicios de salud eficientes, seguridad personal e institucional, espacios de calidad para el disfrute del tiempo libre, buena vialidad y servicios domiciliarios eficaces.

La competitividad local tiene mucho que ver con la calidad de la gestión pública, tanto provincial como municipal. También con la calidad de las redes organizacionales de la comunidad cívica, o sociedad civil. Por ello la descentralización y el federalismo tienen ahora una nueva e importante connotación.

Las consideraciones relativas a la "lugarización" tiene varias consecuencias, tanto en el orden social como en el político-administrativo. La gente se convence que su calidad de vida y su prosperidad dependen fundamentalmente de su propio esfuerzo y entonces se organiza para hacer las cosas que considera necesario. No espera que las autoridades resuelvan los problemas. La gente toma conciencia, se organiza y actúa. Es la vuelta a la comunidad y a la sociedad pluralista. Ya lo afirmaba el líder Sudafricano Nelson Mandela: "las comunidades están tratando de encontrar nuevas formas de conducir la política".

Por su parte el gobierno también toma conciencia de esta realidad y se convence que, desde estructuras altamente burocratizadas y centralistas, lentas y costosas, nada puede hacer en un mundo que demanda soluciones rápidas y localizadas. Los grandes sistemas públicos empiezan, a veces a su pesar, a descentralizarse y a introducir criterios de administración más ágiles y creativos, que toman en cuenta a la demanda real y sentida de la gente.

La reforma del Estado es una de las respuestas a las nuevas realidades, tanto las referidas a la globalización como a la descentralización. Las transformaciones de los sistemas políticos apuntan en dos direcciones: a la integración de grandes espacios geoeconómicos, transfiriendo poder hacia arriba, hacia estructuras internacionales; y a la descentralización, mediante el fortalecimiento de los espacios territoriales locales, transfiriendo poder hacia los estados y municipios.

Son entonces los entes territoriales menores los apropiados para estas nuevas exigencias que se le hacen a la administración pública. Ya no es desde el gobierno central desde donde es posible adelantar las respuestas adecuadas. Es desde los gobiernos provinciales y locales. Y desde las propias comunidades organizadas.

Las consecuencias más importantes de este proceso en el orden político son: a) la vuelta desde el Estado hacia la sociedad civil y, b) desde las estructuras centrales hacia la descentralización.

No parece entonces necesariamente contradictoria la idea de conciliar las ventajas de las nuevas tecnologías y sus consecuencias globalizadoras, con la existencia de lugares singulares llenos de personalidad. Una cultura planetaria conviviendo con muchas y variadas culturas locales. De hecho, los países más desarrollados son justamente los mejores ejemplos de esta convivencia. Allí se cultivan con esmero las tradiciones locales y sus sociedades son vanguardia en el uso de las modernas tecnologías.

II.3 *LUGARIZACIÓN, DESCENTRALIZACIÓN Y FEDERALISMO*

Estos procesos de globalización y de lugarización tienen enormes consecuencias en las formas de administración de los asuntos públicos y también de los asuntos privados. Ya las organizaciones centralizadas, verticales, autoritarias, enormes y pesadas no responden con eficacia a los desafíos de las nuevas realidades.

Para poder ser exitosas las organizaciones están cambiando rápidamente en varias direcciones. Por ejemplo, ahora toma mucha importancia la capacitación de la gente, la desconcentración de funciones y la descentralización de competencias. Las organizaciones ahora tienden a ser descentralizadas, horizontales, democráticas, pequeñas y ágiles.

En referencia a los asuntos político-territoriales, ahora adquiere mayor importancia el gobierno local y provincial, tanto como la comunidad cívica, pues son sustantivos para los procesos de lugarización, pues toca a estas organizaciones liderizar el crecimiento de la calidad de la vida local y su adecuada inserción en lo global.

Ya no es tan importante a estos efectos la presencia de los gobiernos nacionales, generalmente pesados, lentos y remotos, desconectados con las múltiples realidades locales. A esas estructuras corresponden las grandes políticas que orientan la vida de toda la Nación y la administración de las competencias propias de los gobiernos centrales. Pero la mayoría de los asuntos públicos atinentes al ciudadano, a la familia, a las organizaciones civiles y a las empresas, son asuntos que deben atender los gobiernos provinciales y locales.

La rapidez y la profundidad de los cambios, las expectativas de la gente, las necesidades de una alta interconexión en el ámbito planetario exigen de las organizaciones respuestas rápidas y eficientes que los aparatos centralizados no están en capacidad de ofrecer. La eficiencia en las decisiones exige que estas se sitúen cerca de donde se ejecutan, por ello la descentralización y el federalismo ganan espacio rápidamente.

La centralización es una forma de administrar cuando no se confía en los niveles menores, cuando se quiere desestimular la participación, para imponer un "orden" establecido por la alta jerarquía, para homogeneizar un colectivo o, como afirmaba Alexis de TOQUEVILLE, para impedir, no para hacer. La centralización limita la creatividad, la agilidad, la transparencia, el pluralismo, la diversidad y la democracia. El centralismo desprecia la capacidad de las comunidades para gobernarse. El centralismo tiende al autoritarismo y a la homogeneidad.

Además, la concentración en la alta jerarquía de procesos que perfectamente se pueden ejecutar en los niveles más bajos, congestiona con asuntos que no le son propios a la dirección superior, distrayéndola de los asuntos estratégicos y políticos generales, que sí lo son.

La descentralización es la administración de la mayoría de los asuntos desde los entes territoriales autónomos provinciales y locales. Es hacer de estos niveles políticos entes autónomos poderosos, eficaces y eficientes para que atiendan a la mayoría de los servicios que requiere la gente para vivir bien y para prosperar. Es hacer de estos territorios subnacionales los instrumentos eficaces para promover el desarrollo humano sustentable.

La descentralización no es sólo la transferencia de determinados niveles de decisión a la base de la pirámide de mando. No. La descentralización es transferencia de poder. Es el desprendimiento de determinados asuntos sustantivos de los niveles superiores o nacionales y traspasarlos hacia los niveles inferiores o locales, con todas las condiciones para que puedan ejercer con eficacia esos asuntos.

Descentralización es trasladar competencias desde el poder nacional hacia los poderes locales, con todos los atributos necesarios para que estos niveles locales puedan ser eficaces en el ejercicio de esos asuntos, es decir con autoridad, con buenas bases legales, con capacitación, con entrenamiento, con financiamiento y con confianza.

Descentralización es la dotación de los entes político-territoriales intermedios y menores de capacidad real para atender bien los asuntos que le son propios en estas nuevas realidades. Que las provincias y los municipios cuenten con la gente capaz, los recursos financieros suficientes, las estructuras organizativas adecuadas y flexibles, los marcos para la negociación intergubernamental ágiles y, en general, el poder suficiente para que, en un clima de autonomía, ejerzan plenamente su ejercicio en el marco normativo nacional.

Antes de la actual revolución del conocimiento era optativa la administración centralizada o la descentralizada, aún cuando es necesario reconocer que aquellas naciones que experimentaron la descentralización desde temprano también lograron mejores niveles de desarrollo. Pero ahora es imperativa. Las empresas y los gobiernos se descentralizan, adoptan mecanismos federales de administración, delegan poder a los estratos que están en la ancha base de la organización e incluso transfieren a otros entes diversos asuntos que no les son sustantivos, porque de otra manera pierden competitividad y eficiencia.

La descentralización y la forma federal de gobierno tiene muchas exigencias. Al desencadenar el potencial creativo de los diferentes niveles territoriales, también debe sentar las bases para la coherencia de la organización o de la nación. Si se trata de una empresa o de una organización sin fines de lucro, esa coherencia la da el plan general estratégico de largo y mediano plazo, la visión de la organización, sus valores, imagen institucional, el espíritu de cuerpo y demás mecanismos. Lo que se llama "filosofía de la organización".

Para el caso de una nación el "espíritu de cuerpo" equivale a la Constitución Nacional de amplio consenso. Es el "proyecto de país" que debe estar en la Constitución, pero también en los planes estratégicos y en numerosos actos que tienen que ver con la patria, con sus símbolos, su historia, sus valores, sus arquetipos humanos, su cultura y sus tradiciones.

En un gobierno federal descentralizado el poder central tiene que ser fuerte para establecer el destino general de la nación, los planes estratégicos, las grandes políticas públicas y para evaluar la marcha general del país. También para coordinar con los distintos gobiernos estadales y municipales los planes y proyectos de alcance supra estadal. Y para fomentar el clima favorable a la descentralización, al fortalecimiento de los gobiernos provinciales y locales, y para la promoción de la organización de la sociedad civil y de sus redes de solidaridad.

II.4   *EL PRINCIPIO DE SUBSIDIARIDAD*

En un sistema de gobierno federal, el poder central no debe ocuparse de nada que pueda ser atendido en los estados y los municipios, o por la comunidad cívica. Una orientación para definir qué corresponde a cada nivel político-territorial es aplicar el principio de subsidiaridad que establece que todo aquello que pueda se hecho por un ente inferior, no lo debe hacer uno superior, y en caso de dificultades, el ente superior puede cooperar, pero siempre procurando que el ente inferior desarrolle sus competencias naturales.

Este principio involucra también que el Estado tiene unos límites y si la sociedad o el individuo puede ocuparse de un asunto, no tiene por qué hacerlo el sector público. El poder nacional y los poderes regionales y locales deben promover el fortalecimiento de toda la trama social, las organizaciones intermedias, las empresas, las comunidades organizadas y toda suerte de asociaciones y redes que desarrollen la comunidad cívica.

El término federal se refiere a la existencia de entes políticos territoriales intermedios autónomos, como las provincias, estados o departamentos y municipios, con alto grado de autonomía. En las empresas significa que una organiza sus actividades en la forma de negocios autónomos, con su propio mercado y su propio producto, así como su propia responsabilidad por las ganancias y las pérdidas (Drucker, 1999).

De esta manera, los países y las organizaciones modernas se adaptan a las nuevas realidades y confían en las comunidades provinciales y locales más y más competencias, descargando a los gobiernos centrales de muchos asuntos y concentrándose en el monitoreo de las grandes estrategias.

También los gobiernos transfieren más y más asuntos a entes no gubernamentales, empresas u organizaciones no-gubernamentales, confiando en la comunidad cívica la ejecución de obras y la prestación de servicios antes reservados al sector público. También las empresas transfieren a otros el desempeño de muchas tareas que no forman parte sustantiva de sus objetos, concentrándose en lo que le es propio.

Toda esta revolución en la manera de administrar los asuntos tiene una dirección: reforzar a lo local y a las organizaciones locales. Aprovechar las ventajas que tienen las organizaciones pequeñas, ágiles, eficientes, pero conectadas a lo global de una manera muy eficaz.

Esta es una nueva realidad en plena expansión. Las localidades, sus organizaciones y sus ciudadanos, tendrán cada día más y más asuntos de que ocuparse y las posibilidades de influir en sus propios asuntos, en los de la Nación y del planeta crecerán en la medida que sean competitivos, eficientes y se preparen adecuadamente. Por ello el lugar se hace importante.

En la revolución del conocimiento y de las nuevas tecnologías de las comunicaciones, el hombre se hace planetario desde su lugar. Toca entonces a los lugares una nueva e importante responsabilidad: ofrecer a sus habitantes un espacio muy agradable y eficiente para vivir.

La globalización se expresa fundamentalmente en flujos de información, de bienes y servicios, en cambio la lugarización se expresa en la calidad de la vida local y su competitividad global. Lo local es el ámbito de gestión de lo global, de allí la nueva importancia estratégica del lugar, de la ciudad.

II.5 *LOS NUEVOS DESAFÍOS DE LA GESTIÓN URBANA*

En este contexto, la expresión más acabada del lugar es la ciudad, por ello la gestión urbana cobra una categoría particular y la cual debe verse ahora en tres perspectivas:

a) La productividad y competitividad de la ciudad y de sus empresas, es decir la capacidad del lugar de generar un proceso productivo dinámico que genere empleo e ingresos adecuados a sus habitantes;

b) La integración sociocultural de sus habitantes de manera que todos se sientan que pertenecen al lugar y

c) La gestión política, su representatividad y su eficacia., es decir el gobierno local.

La competitividad de las empresas, de las organizaciones, de las familias, de la gente, es decir de la ciudad depende hoy fundamentalmente de tres condiciones:

1) De la infraestructura tecnológica con que se cuente y la calidad de acceso a redes globales. La conectividad y la innovación urbana.

2) La existencia de recursos humanos de vanguardia.

3) Unas condiciones de vida satisfactorias.

La gestión del hábitat urbano está en la base de la productividad y la competitividad y esto es básicamente responsabilidad de los gobiernos locales, en articulación con las empresas y los entes cívicos.

Cuando se habla de conectividad urbana se refiere al vínculo de la ciudad con las redes de comunicación y sistemas de información regional, nacional y mundial, empresas, con otras ciudades, con organismos multilaterales de apoyo al desarrollo local, etc.

Cuando hablamos de innovación urbana nos referimos a la capacidad instalada de una ciudad para generar nuevos conocimientos, nuevas actividades económicas, nuevos productos, nuevos servicios. Nos referimos a la gestión del conocimiento aplicado a la ciudad, sus centros de investigación y desarrollo (I+D), su espíritu emprendedor.

La calidad de vida se refiere no solo al bienestar que debe ofrecer la ciudad a sus habitantes, sino a su capacidad de ofrecer una calidad urbana que atraiga o retenga a los grupos humanos de vanguardia. También la consideración de los nuevos actores urbanos: las mujeres, los niños y los ancianos, no solo como usuarios de la ciudad sino como participantes en la toma de decisiones. Las ciudades son también la base para la diversidad y la pluralidad, para el reforzamiento del particularismo histórico y territorial. Son las ciudades las que están tomado la vanguardia para reforzar la identidad, asunto que está tomando lugar primordial en sus planes.

En síntesis, entre los más importantes desafíos de la gestión local en la globalización se pueden anotar los siguientes:

1) Desarrollo de la economía urbana. Crear las condiciones para insertar sus sectores productivos en la nueva economía. Promoción de la competitividad y la productividad, atracción de inversiones, emprendimiento tecnológico.

2) Desarrollar una nueva infraestructura urbana con serio acento en la conectividad con las redes de información, con la puesta al día de la vialidad con su región y con la infraestructura adecuada para la cabal prestación de sus servicios (centros cívicos, edificaciones oficiales). El urbanismo, la vivienda y el medio ambiente (los espacios públicos) son prioridades a resolver. La estética urbana hay que atenderla (en una ciudad el camino más corto entre dos puntos es el más hermoso).

3) Ofrecer una alta calidad de vida, fundamentalmente con mejores servicios. Seguridad ciudadana y justicia. La educación y la salud de calidad. Los derechos urbanos (de las mujeres, de los niños, de los ciudadanos) El derecho del peatón a las aceras, a la iniciativa económica, a los servicios, a la convivencia. A la IDENTIDAD. Desarrollo de una cultura urbana o mejor de "Patriotismo Urbano". El desarrollo de una libertad plena.

4) Resolver el problema de la integración social. Esta es una tarea enorme, gigantesca. Se trata de la incorporación de los más pobres a la economía formal y a la ciudad formal. Erradicar la exclusión social y territorial.

5) Enfrentar da gobernabilidad y la sustentabilidad de la ciudad. Se trata de organizar el gobierno de la ciudad para que sea capaz de asumir estos desafíos. Con estructuras lentas, clientelares, sin adecuada preparación técnica, sin creatividad y carentes de entusiasmo no se tendrá una localidad exitosa. El tema de la sustentabilidad financiera de la ciudad es necesario enfrentarla para que la ciudad cuente con los recursos para atender estos desafíos.

6) Es necesario considerar la dimensión regional, nacional e internacional. El desafío es desarrollar mejor la centralidad que ya tiene la ciudad por su vocación geohistórica. Establecer una adecuada relación política con los niveles regionales y nacionales, así como asumir la actuación internacional de la ciudad.

Estos desafíos EXIGEN un proyecto de ciudad. La experiencia demuestra su utilidad. La diferencia entre una ciudad fracasada y una exitosa casi reside en esto. Los éxitos han obedecido a un proceso de transformación que se basa en la toma de conciencia del desafío dada la crisis que se enfrenta, la concertación entre los actores urbanos en torno a un proyecto de ciudad y la generación de un liderazgo local proactivo.

Es fundamental la determinación conjunta y el consenso ciudadano para que la ciudad de un salto adelante, desde todo punto de vista. El PROYECTO DE CIUDAD es fundamental, si moviliza a los actores públicos y privados y se ejecuta desde el principio. Debe despertar o construir el "PATRIOTISMO URBANO". Es un proyecto de movilización ciudadana y de promoción interna y externa. Es un proyecto de autoestima ciudadana. Exige un cuestionamiento de la manera de gobernar la ciudad, de comportamiento de las organizaciones y plantea una reforma política y una nueva articulación gobierno-ciudadanía. La excusa para dar el salto adelante puede ser la propia crisis, un evento, una fecha importante.

El Gobierno local debe cambiar cualitativamente: pasar a ser promotor, líder, emprendedor, innovador, audaz, integrador de todas las energías presentes en la ciudad, un innovador democrático. Muchos de los éxitos se deben a la fuerte personalidad de los alcaldes que han asumido el liderazgo de la ciudad. A veces el liderazgo local lo puede asumir inicialmente otros actores, pero debe estar muy bien articulado y sin la participación de la autoridad política es muy difícil.

Construir ciudad es un compromiso entre desarrollo económico y calidad de vida.

BIBLIOGRAFÍA

BERLIN, Isaiah. *Árbol que nace torcido*. Edit. Vuelta. 1992.

BORJA, Jordi y CASSTEL, Manuel. *Local y global*. Taurus. 1997.

BRICEÑO-IRAGORRY, Mario. "Meditación en el IV Centenario de Barquisimeto". El Nacional, Caracas, 14-09-1952. p. 4. En: *Obras Completas*. Tomo 17. Ediciones del Congreso de la República. Caracas, 1993.

DRUCKER, Peter. *Las Nuevas Realidades*. Grupo Editorial Norma. Bogotá, 1999.

GONZÁLEZ C., Francisco. *Lugarización y Globalización*. ULA – UVM. 2001.

SCHUMACHER, E. F. *Lo Pequeño es Hermoso*. H. Blume Editores. Madrid, 1984.

I. 6 *LA CIUDAD A ESCALA HUMANA*

Una de las consecuencias más importantes de los avances de la Inteligencia Artificial y, hay que decirlo, de la pandemia del COVID-19, es la valorización de la ciudad a escala humana, esa ciudad que está al alcance de la gente, que se puede caminar o recorrer en bicicleta o en un eficiente transporte local, tiene la escuela cerca, el servicio de salud ambulatoria, el templo, los comercios minoristas donde adquirir los víveres, panaderías, cafeterías, e incluso los lugares para tomarse un licor compartiendo con los vecinos. Igualmente, los parques con sus bancos, sus sombras y sus faroles.

Las grandes ciudades de enormes rascacielos y gigantescos centros comerciales, con los espacios muy especializados, todo distante que exige enlaces de grandes autopistas y uso intensivo del automóvil particular, buscan cómo humanizar los espacios donde la gente duerme, transformándolos en lugares para vivir. Frente a las ciudades con sectores especializados, donde en unos se duerme, en otros se trabaja, en otros se compra y en otros se divierte, hay la alternativa de los espacios donde se vive íntegramente, sin necesidad de frecuentes y largos desplazamientos.

En esta tendencia tienen ventajas las ciudades intermedias y menores, que mantienen una multifuncionalidad en su territorio, es decir, donde sus habitantes viven, trabajan, estudian y se recrean cerca, donde además tienen la ventaja de ser conocidos y conocer a todos, hacen vida en comunidad, conversan en la calle, en la esquina, en el parque y en los negocios. Donde cuidan unos a otros.

Las urbanizaciones, fraccionamientos, colonias y otras designaciones de los urbanismos periféricos, donde la vida comunitaria es prácticamente inexistente, en un mundo que avanza con en el trabajo en casa, el estudio virtual, la recreación pasiva y otros frutos tecnológicos, se obliga a la gente a encerrarse, a aislarse y deshumanizarse. Es una revisión del urbanismo extendido y especulativo, que tiende a expandir la ciudad sólo por codicia, ocupando los espacios naturales.

La ciudad tradicional, peatonal y amigable, vuelve a tener adeptos. Se trata de la identidad, del conocer ser y del lugar, de convivir en él. De rescatar el derecho a conversar, a tener vecinos, negocios conocidos, paisajes familiares, entornos donde nos sintamos cómodos, en confianza y seguros. Es la ciudad a escala humana.

II. 7   *LA CIUDAD SENCILLA*

> *"La sencillez es la máxima sofisticación"*
>
> Leonardo DA VINCI

Hoy se habla y escribe mucho sobre la ciudad inteligente, smart city, ciudad digital, emprendedora, innovadora, digital, competitiva, sostenible, tecnópolis y demás palabras de moda, y al final lo que uno quiere es una vida tranquila, sin tanto afán, sin ruido, segura, donde todo esté lo más cerca posible como para llegar caminando. Eso exige una ciudadanía decente, un gobierno local eficaz y unas empresas responsables.

Si esto es así, pues las cosas no parecen ser tan complicadas y uno puede estar viviendo en un lugar parecido, o que puede lograrlo con un poco de esfuerzo y sentido común. El escritor japonés Haruki MURAKAMI escribió en su libro *1Q84*: "Quizás las cosas más sencillas sean las que más cuesta ver. A veces, uno tarda en ver lo que tiene delante de las narices".

Se podría decir que una ciudad exitosa, o mejor, un lugar exitoso, es el que le da calidad de vida a sus habitantes. Y eso se traduce básicamente en confianza. Y en respeto. La persona se siente bien allí, se siente segura y respetada. Hay convivencia. Ser así no debería ser tan complicado, pero es complejo, que no parecen ser exactamente lo mismo. Por ejemplo, criar un hijo es complejo, pero si lo amas no debería ser complicado. Complicado es armar un rompecabezas, pero no es necesariamente complejo.

Hay escritores de textos sencillos y profundos, como el poeta Walt WHITMAN, Fernando PESOA, Antonio MACHADO, Andrés Eloy BLANCO o Rafael CADENAS, el novelista Mario

Vargas Llosa o los ensayos de Octavio Paz, pero para mí, entrarle a Rainer María Rilke, a Michel Foucault o a Humberto Maturana es más difícil. Así son las ciudades, unas son de fácil lectura y otras son complicadas. Barquisimeto me luce como la ciudad más sencilla de Venezuela, y Maracaibo la más complicada. Si no fuera por la referencia omnipresente de El Ávila, Caracas sería difícil.

Todas las ciudades fundadas en América bajo la normativa de la corona española son ciudades sencillas y eficaces, como lo pone de manifiesto el Dr. Allan R. Brewer-Carías en ese portento de libro que *La Ciudad Ordenada* (Caracas, Criteria, 2006): "La «ciudad ordenada» americana, por tanto, fue la gran creación y legado cultural urbano español en el Nuevo Continente, materializada en el hecho invariable de que cada ciudad tuvo una forma reticular, que siempre tuvo su origen en el trazado de una plaza mayor o central levantada a cordel y regla, desde donde paulatinamente fue creciendo mediante calles dispuestas en línea recta, formándose la trama urbana en manzanas o cuadras generalmente iguales y, en todo caso, con forma ortogonal, tal y como todavía hoy se aprecia en todos los centros o cascos históricos de las urbes latinoamericanas". Madrid y la mayoría de las ciudades españolas, o europeas en general, son sencillas; en cambio la mayoría de las ciudades de los Estados Unidos son complicadas y la dependencia del automóvil particular es casi total, con excepción de algunos cascos centrales.

El diseño seguido por el Arquitecto Carlos Raúl Villanueva para el Centro Simón Bolívar de Caracas debería servir de ejemplo para nuestras ciudades calurosas, soleadas y lluviosas, con aceras anchas y cubiertas con los aleros de los edificios cuyos pisos altos residenciales sobresalen, y los pisos bajos retirados que sirven para comercios y oficinas. Una ciudad caminable y viva.

Hoy en día la ciudad sencilla debe incorporar más y mejores espacios públicos de calidad, suministrar energía solar y de otras fuentes naturales, funcionar con un modelo de economía humana no especulativa y no contaminante, sistemas integrales de manejo de los residuos sólidos, con centros comunitarios donde la gente viva, trabaje y se recree. La conexión a internet y el uso de las tecnologías de vanguardia son tan fundamentales como el suministro de agua y electricidad.

Todo esto se puede lograr reconociendo lo que ya la ciudad tiene a su favor, e incorporando lo nuevo. Para ello es fundamental la existencia de ciudadanos activos y organizados, políticos preparados y comprometidos, empresarios conscientes e innovadores y gobernantes honestos y responsables. También que el talento de sus habitantes le sirva a la ciudad mediante sus instituciones educativas y culturales, sus redes de participación cívica y todas formas de creatividad. Todo eso que se llama el "capital social" y convivencialidad.

"La sencillez y naturalidad son el supremo y último fin de la cultura" dijo Friedrich NIETZSCHE.

II. 8 *LA VIVIENDA Y EL LUGAR*

La demanda de viviendas en el mundo se ha disparado y con ello sus precios. Registra la prensa internacional que según un estudio realizado por la consultora británica Knight FRANK en el mercado inmobiliario de 56 países, durante el primer trimestre de este año se registró un incremento promedio de 7,3%, comparado con el mismo período del año anterior.

Es de hacer notar que también se registra un incremento de la venta de viviendas en centros poblados pequeños o ciudades medianas, así como en los sectores urbanos que gozan de cierta vida comunitaria.

Como una tendencia previa a la pandemia, pero acelerada por esta, se registra un enorme crecimiento del uso de las distintas alternativas de trabajo a distancia, desde la casa, por lo que consecuencialmente pierde el mercado de oficinas y muchos negocios pasan a los intercambios electrónicos y a las compras a domicilio.

Esta nueva realidad de trabajar desde la casa también exige que las viviendas deben adaptarse a los nuevos usos, no sólo al teletrabajo, sino a la educación a distancia, las compras digitales, recreación y muchas otras actividades que exigen nuevos espacios, diversos equipamientos y distintas rutinas.

Como la gente tampoco puede vivir eternamente encerrada, buscará en los alrededores alternativas gratas para compartir. Y allí ganan los lugares que ofrezcan espacios para degustar el ocio, conversar, tomar y comer. También para llevar a casa los productos frescos elaborados por los vecinos. Allí ganan protagonismo los lugares con identidad, con densa vida comunitaria, con elevada dosis de capital social. Y con ello las actividades vecinales, la solidaridad social y el sano compartir.

La vivienda y el lugar cobran mucha importancia en las tendencias recientes, que se reflejan en estas predilecciones financieras. Esta especie de competencia por el espacio humano pierden los grandes centros comerciales y los largos traslados de personas y mercancías; ganan las viviendas y los lugares de buena convivencia, también la producción y comercialización de bienes y servicios de cercanía.

También crece la desigualdad. Los que no tienen acceso a las competencias digitales, ni posibilidades de adquirir más y mejores equipos, ni mejorar su vivienda, ni trasladarse a mejores lugares serán los perdedores, y es la mayoría. Se esperan grandes despidos. Las viviendas de los pobres seguirán siendo casuchas y tugurios, y sus lugares espacios sin servicios y llenos de basura. Entre tanto los monopolios que dominan las tecnologías de la información serán los grandes ganadores, incrementando sus fortunas, y con ello concentrando mayor poder.

La importancia de la vivienda y el lugar en estas nuevas realidades es indiscutible, y la posibilidad del acceso al disfrute de esos espacios para la convivencia debe ser universal, pero para ello deben experimentarse enormes transformaciones, no sólo en el orden tecnológico y sus amplias posibilidades, sino en el orden político, que quiere decir en los sistemas de poder y en los sistemas productivos. La codicia no puede ser el motor que alimente a la economía, sino la satisfacción de las necesidades humanas, entre ellas, por supuesto, el trabajo digno y decente. Y el respeto al orden natural.

Las tendencias que impone la sociedad informatizada o digital tienen altas probabilidades de cumplirse, mientras las transformaciones profundas de la sociedad, las sustantivas, tienen el calificativo de "incertidumbre radical". A menos que el cambio climático ponga cada cosa en su lugar.

II. 9 *EL LENGUAJE DE LAS CIUDADES*

El 15 de febrero pasado cumplió Valera 103 años, un día después de la celebración de los enamorados, o del amor y la amistad. No celebra la joven ciudad trujillana el día de su fundación, puesto que no fue fundada con "el ceremonial de estilo", sino que emergió en el cruce de caminos más importante del territorio trujillano, en la dilatada terraza que conforman los sedimentos de sus tres ríos: el Motatán, el Momboy y el Escuque.

Un no se explica cómo los antiguos Cuicas y luego los colonizadores hispanos cruzaban la meseta sin detenerse, fundando sus pueblos en lugares o más frescos o más calientes, pero nunca aquí. Hasta que, en plena guerra a muerte, que determinó la feroz proclama firmada por Bolívar en estas tierras, y sufrida más que ningún otro lugar de la naciente república, vienen unos vecinos de esta aldea de casas dispersas a emprender una ciudad.

Gabriel Briceño de la Torre la soñó y sentenció su destino con una travesura lingüística: "Valera valerá". Y puso manos a la obra. Se dispuso a donar terrenos y otros bienes. Le dijo a Mercedes Díaz que era la dueña de lo que sería el centro, que regalara el terreno y ella así lo hizo. Muerta Mercedes sus herederos ratificaron la donación y la ampliaron. El Presbítero Dr. Manuel FAJARDO y el propio Dr. BRICEÑO de la Torre delinearon la ciudad posible y señalaron: "aquí va el templo, allí la plaza/mercado, allá la casa de gobierno y distribuyeron el resto de los lotes para la construcción de las casas". Con la venta de las parcelas y otras donaciones levantaron la iglesia de San Juan Bautista, organizaron la plaza y dispusieron las primeras calles en cuadro ortogonal siguiendo los planos tradicionales.

De tal manera que Valera nace por iniciativa de los que vivían en este "sitio", hasta que el 15 de febrero de 1820 el Obispo Rafael LASSO de la Vega la erige en parroquia eclesiástica, adquiriendo el estatus de ciudad por mérito propio. Ya vendrán los procedimientos oficiales que la reconocen como parroquia civil y luego municipio, y hasta capital del Estado Trujillo en los primeros tiempos de Cipriano Castro, título que nunca pretendió ni le gustó.

Valera nació como un acto de amor de los que vivían en este sitio, y por amor prosperó. Por eso, la víspera del 15 de febrero los valeranos, convocados por el Ateneo de Valera nos reunimos a conversar "Por amor a Valera", esta vez en torno a dos preguntas: ¿Hacia dónde va Valera? y ¿Hacia dónde debe ir Valera? En el salón de conferencias de la Asociación de Comerciantes e Industriales de Valera –ACOINVA–, prestigiosa institución que pronto cumplirá 60 años de existencia, se desarrolló el conversatorio. Ya sabemos que la sede del Ateneo fue secuestrada en tiempos del alcalde Temístocles Cabezas, y entregada a entidades ajenas a sus legítimos dueños.

Parte de la conversación giró sobre la calidad del lenguaje de los valeranos y si esas conversaciones ayudan o no a la Valera posible. Eladio Muchacho Unda, editor del Diario de los Andes, planteó: "La definición de procesos y la coordinación de acciones los seres humanos la hacemos CONVERSANDO, es por ello que debemos revisar cuan diestros somos los valeranos cuando de CONVERSAR se trata"; para agregar luego: "Tanto de las conversaciones que se producen, como de las conversaciones que deberían darse, pero no se dan y son necesarias para la transformación y el desarrollo posible".

El lenguaje de la ciudad es en gran parte el de sus ciudadanos. Evidentemente el predominio de las conversaciones –y las escuchas– positivas, estimulantes y proactivas serán propias de una colectividad ciudadana mucho mejor que el de otra donde predominan las palabras tóxicas. Las palabras son muy poderosas y por sí mismas crean realidades. Una palabra que descalifica y agrede causa mucho daño, pero una que enaltece y premia hace mucho bien. Incluso cuando se hacer un reclamo, si se hace adecuadamente, da mejores resultados.

No solo las personas que habitan las ciudades tienen su lenguaje, pues la propia ciudad habla, con sus calles y edificios, con sus plazas y parques, sus lugares públicos y con sus servicios como el transporte, por ejemplo. Alguien dijo que cada casa es una palabra, cada cuadra una frase, la manzana una oración. Y así la ciudad construye sus textos que, como todos los textos, cada quien lee o dice según su particular manera de ser.

Los múltiples elementos de la ciudad, su clima, su forma, su historia, sus relaciones, funciones, símbolos, leyendas, costumbres y su cultura generan identidades, que pueden llegar a constituir una síntesis, difusa o precisa, que la identifica. Hay ciudades que expresan su carácter alegre o serio, innovador o tradicional, abierto o cerrado. La ciudad canta y tiene sus lamentos, ríe y llora.

¿Qué nos dice su entorno? ¿Qué nos dicen sus ríos? ¿Qué nos dicen sus distintas barriadas? ¿Qué sus centros históricos? ¿Y sus nuevos espacios? ¿Que su mantenimiento? ¿Sus parques y jardines? ¿Su transporte? ¿Sus mercados? ¿Sus edificios y sus casas?

La ciudad entonces tiene un lenguaje, o, mejor dicho: lenguajes. Cada sector, cada calle o avenida, cada parque tiene en sus formas y colores, en sus olores, en sus actividades y en su gente, unos mensajes. Cada parte de la ciudad habla. Pero toda ella algo dice en toda su enorme diversidad. De allí que su solo nombre evoca lo sustantivo de la ciudad. Su identidad. O como se dice ahora en tiempos de mercantilismo: su marca. La ciudad puede ser leída por sus habitantes, pero también por los visitantes, cercanos o lejanos, que a ella vienen. La ciudad luz", "La ciudad eterna", "La meca del juego", "La ciudad tres veces santa", "La gran manzana", "La ciudad prohibida" son apelativos de ciudades que todo el mundo identifica como París, Roma, Las Vegas, Jerusalén, Nueva York o Pekín.

Nosotros hablamos en la ciudad y de la ciudad. Y ella habla de nosotros.

II. 10 *RURALIDAD INNOVADORA*

La ruralidad es asociada al paisaje natural y sus vocaciones agrícolas y pecuarias, a aldeas dispersas, a campo y campesinos.

También se relaciona a lugar y lugareños, aunque la mayoría de los lugares habitados por el hombre hoy sean urbanos. Así mismo tiene que ver con labranza, cría de animales y todas esas faenas de producción de alimentos, flores, ordeño, porcinos y aves de corral.

Existe una idea idílica de la ruralidad, de campos verdes, riachuelos de agua cristalina, espacios anchos, montañas altas, casitas llenas de flores, con sus corrales de animales domésticos, con árboles frutales y tierras sembradas. También hay las miradas contrarias de vías de acceso difíciles, basura, ranchos de bahareque, malos olores, pesticidas, moscas y zancudos.

Lugareño o campesino son palabras que se asocian con campestre, aldeano o pueblerino e incluso con los calificativos de sencillo y rústico, trabajo rudo, familia grande, madrugadora y de trabajo, trato reservado pero atento. Así misma gente que come chimó y bebe aguardiente, personas ordinarias, sobre todo frente a lo urbano que se asocia a culto, respetuoso y civilizado.

Resulta que las tecnologías de la información cambian muchas cosas, para bien o para mal. La gente del campo tradicionalmente aislada y desinformada ahora tiene acceso y recibe o envía información. La televisión satelital, el uso de internet y la popularidad del teléfono inteligente puso a los lugareños o campesinos a la par de los urbanos. En la granja, en la aldea y en el rancho campesino hay información, y eso cambió la naturaleza de estos lugares.

No sólo se informan más y mejor de lo que pasa en las ciudades y en el mundo, sino que toman conocimiento de las innovaciones que hacen más fácil la vida, pero también de los peligros que encierran y que igualmente comienzan a sufrir. Así como en las grandes aglomeraciones urbanas comienzan a valorar la vida lugareña, sobre todo luego de este mega aislamiento de la pandemia global, los campesinos la valoran y están dispuestos a luchar por ello, aprovechando las ventajas de vivir en el campo, pero con las innovaciones urbanas.

Les cuento que una de las comunidades rurales que en Venezuela empiezan a recorrer estos caminos es la gente del municipio Urdaneta, del estado Trujillo, un municipio andino situado en la vertiente que mira al oeste en la Cordillera de Trujillo. Liderado por su nuevo alcalde, un campesino del páramo de Tuñame de nombre José Leocadio CASTILLO –llamado El Dioco– su equipo de trabajo, y el Concejo Municipal presidido por Asmara Godoy, una madre de familia de Jajó, los concejales y sus equipos, decidieron ponerse a conversar sobre estos asuntos, dispuestos a soñar con audacia aprovechando estos tiempos recios. Decidieron no sólo cultivar las sementeras, sino labrarse su propio destino.

Luego de diversas reuniones, talleres y conversaciones, el día miércoles 22 se juntaron en La Quebrada Grande, capital del municipio, delegados de sus seis parroquias: Tuñame, Jajó, La Mesa de Esnujaque, La Quebrada, Santiago y Cabimbú, unas 60 personas para, mediante la técnica del World Café, en seis mesas de trabajo, unos buenos equipos de apoyo y durante todo el día, responder a las preguntas seleccionadas por ellos mismos:

1   ¿Qué nos enorgullece de nuestro municipio?

2   ¿Qué debo hacer yo ahora para mejorarlo?

3   ¿Cómo soñamos nuestro municipio para el año 2030?

4   ¿Cómo lograr desarrollar nuestro talento humano?

5   ¿Que potencial tenemos para el desarrollo del municipio Urdaneta

6   ¿Cómo lograremos la autosuficiencia?

Compartimos a lo largo del día el sabroso café de por aquí, las carabinas o hallaquitas de caraotas, arepas de trigo con queso ahumado, guarapo de panela y curruchete. Al final votamos por las numerosas respuestas encontradas, más o menos 20 o 30 por cada pregunta, y se seleccionaros 5, para 30 en total, reservando esas y todas las demás para posteriores conversaciones.

Los resultados serán validados en jornadas parecidas en cada una de las parroquias, y con sus resultados se elaborará la visión del municipio y de cada parroquia, sus valores y estrategias. Una vez decidido de manera consensuada lo que se quiere, proceder a la elaboración del Plan de Desarrollo Municipal, los planes parroquiales, los esquemas de ordenamiento de cada centro poblado y un plan de ordenamiento rural. Y que todos tratemos de hacer lo que cotidianamente hacemos, pero de manera compatible con lo que soñamos.

El convencimiento general en los presentes es que la gente lo que quiere es seguir siendo comunidades rurales, pero con las comodidades que da la modernidad. Mantener y consolidar la identidad campesina y lugareña con las facilidades que dan la tecnología para mejorar la calidad de vida, la productividad y la calidad de los alimentos, protegiendo las aguas y la naturaleza en general. Procesar esos productos y mejorar su comercialización. Recibir mejor información, pero subir más y mejor información de lo nuestro. Ser el municipio con la mejor educación de Venezuela.

Por allí van los sueños, que seguramente con trabajo y perseverancia, propias de estos campesinos, mujeres y hombres, se harán realidad. Diría en dos palabras que lo que quiere la gente del municipio Urdaneta del estado Trujillo es una ruralidad innovadora.

III. CAPITAL SOCIAL

III. 1 *CAPITAL SOCIAL Y DESARROLLO SOSTENIBLE*

Si entendemos por capital social la calidad de las relaciones entre las personas de una comunidad, la densidad de su tejido social, la confianza hacia los demás y hacia las instituciones, y si estamos convencidos que esto es fundamental para el desarrollo sostenible e integral, es larga la tarea que tenemos los venezolanos.

En efecto, las comunidades y naciones que tienen un elevado índice de desarrollo humano, o de progreso social, o en cualquier otro indicador de esta naturaleza, se caracterizan por que sus habitantes se respetan unos a otros, participan en organizaciones civiles de diverso tipo, realizan trabajo comunitario y existe un clima general de confianza hacia los demás y sobre todo hacia las demás organizaciones e instituciones, sean públicas o privadas, económicas o culturales, religiosas o laicas.

Son muchas las evidencias de esta realidad y diversos autores lo han demostrado, entre ellos Adam SMITH, Gunnar MYRDAL, Robert PUTNAM, James COLEMAN, Douglas NORTH, Francis FUKUYAMA, Adela CORTINA, Bernardo KLIKSBERG, Amartya SEN, Elinor OSTROM, Daron ACEMOGLU y James A. ROBINSON entre muchos otros. Donde existe una alta densidad de capital social, existe una mejor calidad de vida.

El primer síntoma de que en un lugar existe elevado capital social es la palabra y las conversaciones. Si la gente se comunica con respeto, las palabras predominantes son amables, proactivas y cordiales allí se respira un ambiente mejor que en aquellos espacios donde las palabras son soeces, tóxicas, altisonantes. Por eso la valoración de un lugar tiene mucho que ver con lo que conversa y cómo conversa, cuales son los temas que se tratan y la forma como se abordan. El lenguaje es la medida del éxito de una persona, una familia o una comunidad, en cuanto a su valoración ética.

Hay comunidades exitosas, en el sentido que gozan de calidad de vida, en países subdesarrollados, y comunidades fracasadas en países desarrollados. Y estas experiencias se viven desde pequeños lugares, como barrios y urbanizaciones, edificios residenciales e incluso familias. Con frecuencia se notan estas diferencias en sitios vecinos, entre familias. Hay comunidades tóxicas, familias tóxicas, en cambio las hay virtuosas. Esto tiene que ver con el capital social y se manifiesta de muchas maneras, la más evidente en el lenguaje.

En Venezuela existen pocos estudios o indicadores sobre estos temas, pero los que he consultado y las encuestas que circulan por allí, sobre todo para estudios políticos o empresariales, tocan uno de los temas más sensibles del capital social, como es el de la confianza. La Encuesta Nacional de Condiciones de Vida (ENCOVI) adelantada por la Universidad Católica Andrés Bello es una fuente valiosa para explorar la realidad venezolana en este campo.

Hace poco mis estudiantes de Desarrollo Humano Sustentable de la Universidad Valle del Momboy realizaron una investigación sobre los Objetivos del Desarrollo Sostenible y el Capital Social en varias localidades del estado Trujillo. Los resultados sobre los ODS los comenté en mi artículo anterior.

Aquí les informo que en materia de Capital Social no puede ser más grave.

De los más de 200 encuestados casi nadie pertenece a una organización civil y muy pocos hacen trabajo voluntario en la comunidad, son de pocos amigos y no tienen interés en participación en los asuntos públicos, ni siquiera en el propio vecindario. Apenas creen en los familiares cercanos, en la gente mayor, amigos íntimos, médicos y los trabajadores de la salud, maestros y algo en los religiosos, en el piso de la credibilidad están los políticos y los funcionarios de la policía y fuerzas armadas.

Al sistema político sistema político (gobierno, partidos políticos, sindicatos), sistema judicial (juzgados, jueces) y fuerzas de seguridad casi nadie le tiene confianza, apenas la iglesia y los empresarios aparecen, pero muy débiles.

La percepción de lo que sucede en Venezuela no es tan distante de esta que se muestra en estas comunidades andinas. En general la situación puede resumirse en una muy baja membresía de los venezolanos en organizaciones civiles, escasa participación en actividades comunitarias, muy exiguas redes de organizaciones de base y una severa crisis de confianza generalizada entre nosotros mismos, y frente a diversas instituciones. Esa es la grave situación encontrada y ese es el tamaño del desafío. Queda por poner en evidencia la calidad de la palabra y el lenguaje. Eso da miedo.

III. 2 *ESPACIOS DE DECENCIA*

Espacios de decencia, lugares de sensatez o islas de cordura, varias frases sirven para ilustrar la idea de sitios o ámbitos donde predominen relaciones honestas, serias, lúcidas, prudentes y sabias, definidas por el respeto a la persona humana y orientadas a la búsqueda del bien común. Pueden ser territorios definidos en términos geográficos, pero pueden ser también espacios determinados por relaciones entre personas, independientemente del lugar donde se encuentren. O pueden ser instituciones cuya identidad sea una determinada visión organizacional, o grupos humanos que se relacionan por determinado interés de carácter identitario, religioso, cultural, político y de otros tipos.

Espacios de decencia son aquellos donde la actividad que se realiza se hace con base a relaciones cordiales, sinceras y confiables. Puede ser una empresa, un club deportivo, una parroquia religiosa, una institución educativa, un barrio o una aldea, lo fundamental es que predomine el convencimiento de que las personas son capaces de actuar de buena fe, de manifestar con amabilidad sus diferencias y de llegar a acuerdos mediante conversaciones inteligentes.

Margaret WHEATLEY es una prestigiosa consultora en materia organizacional, de dilatada actuación en el desarrollo de iniciativas transformadoras de empresas internacionales y locales, autora de libros muy exitosos como *"El liderazgo y la nueva ciencia"* traducido a 18 idiomas. Es doctora en "Cambio y Comportamiento Organizacional" de la Universidad de Harvard y tiene una maestría en "Ecología de Medios de la Universidad de Nueva York". Hoy cercana a sus 80 años se muestra decepcionada de las posibilidades de cambio en las estructuras dominadas por el lucro y la codicia. Prefiriere la concentración de los esfuerzos en estructuras locales o pequeñas, que puedan mediante ágiles articulaciones globales, provocar cambios cuánticos.

En un mundo que exhibe extensos espacios de desconfianza, emergen dispersas muestras ejemplares del poder del humanismo. Aún en las tragedias de las guerras, la severidad de la especulación financiera, la terrible ofensiva a la salud humana de las trasnacionales de la "alimentación" y la salud, el control obsceno de los dueños de los monopolios de la sociedad de la información y otras tragedias de la civilización moderna, allí están, a título de ejemplo, de que la condición humana existe, los médicos, los maestros, los periodistas, la gente que hace caridad y cientos de organizaciones, la mayoría calladas, que transforman realidades para el bien de mucha gente.

Así mismo, cuando uno constata el vacío de confianza que existe en Venezuela, también puede percatarse de espacios donde tiene su hogar la decencia, la honestidad y el trabajo honrado. Son muchos los agricultores, artesanos, empresarios y comerciantes que se ganan la vida "con el sudor de su frente". Familias que no se rinden para el cuidado de sus miembros, maestros que enseñan, médicos que curan, religiosos y religiosas que imitan a Jesús de Nazaret, periodistas que son héroes para llevar la información veraz a sus lectores. Incluso hay políticos que se reconocen porque no han sido víctimas de esta locura que contaminó a los partidos.

La idea es que se cultiven y extiendan estos espacios donde el liderazgo sensato tiene su lugar. Alimentar la fe en que siempre se encontrará un lugar donde la nobleza de la persona humana se expresa, y ayudar a que se conozca la experiencia, se valore, se extienda y reciba el aprecio y el estímulo de una sociedad que necesita de buenos ejemplos. Saber aún hay gente seria y confiable, y que los espacios, organizaciones o lugares donde operan viven y sobreviven aún en condiciones extremas.

Una empresa ejemplar, una escuela solidaria y de calidad, un centro de salud que funciona bien, unas parroquias eclesiásticas que son ejemplo de espiritualidad y de servicio, unas organizaciones civiles que efectivamente ofrecen servicios para aliviar la crisis humanitaria compleja, o una organización que documenta con profesionalismo la realidad, todos son ejemplos de espacios de decencia.

Un barrio o una aldea, una cuadra en la ciudad o cualquier otro lugar que se organiza para mantener o elevar su calidad de vida en medio de las carencias, agricultores que se organizan, gremios que tienen actividades de solidaridad y cientos de valiosas iniciativas humanas que emergen para demostrar que no todo se ha perdido, que no todo es codicia y poder, espectáculo o circo, valen la pena para rescatar la idea de la humanidad posible.

Si se logran conocer estas experiencias y es posible algún tipo de articulación, seguramente se extenderán y contribuirán a crear un efecto multiplicador que alimente la esperanza de una transformación de mayor alcance.

Dos experiencias pueden ilustrar mejor lo que aquí se quiere decir, aunque existen muchas. Una en el caso del sistema de cooperativas larenses conocida como CECOSESOLA (https://cecosesola.org/), que ganó el año pasado el llamado "Premio Nobel Alternativo de Economía", que otorga la fundación Right Livelihood (modo correcto de vida) entre decenas de nominados de 77 países del mundo, "Por establecer un modelo económico equitativo y cooperativo como alternativa sólida a las economías basadas en el lucro".

Otra experiencia es la posibilidad que se concrete la "visión" establecida por los pobladores de Isnotú. En una serie de ejercicios realizados antes de la beatificación, un grupo de isnotuenses, las autoridades del santuario y colaboradores establecieron que Isnotú debe ser "El paraíso espiritual de Venezuela", para lo cual plantearon diez caminos estratégicos. La idea del paraíso es por el patrimonio de biodiversidad y paisajismo que tiene el lugar, y la de espiritual es por los valores de servicio que representa su hijo el Dr. José Gregorio Hernández. Combinar las ideas del cuidado de la "Casa Común" y el desarrollo integral sostenible, con las de una comunidad sana y solidaria.

III. 3 *LA LIBERTAD Y LA DEMOCRACIA SON OBRAS DE ARTE*

El desarrollo humano integral y sostenible exige un clima de libertad, democracia, instituciones respetables y estado de derecho. Exige igualmente una serie condiciones llamadas "capital social" y que se resumen en estas palabras: confianza, respeto, responsabilidad, transparencia, redes de solidaridad, compromiso ciudadano y participación activa. Todo eso se construye mediante el correcto uso de las conversaciones entre la gente, y todo lo que de esas conversaciones se despliega.

Si no existe libertad, democracia, instituciones respetables, estado de derecho y capital social es muy difícil lograr adelantar los procesos que conducen al bienestar, por ello las luchas de un pueblo que quiere vivir bien, debe tener como horizonte conquistar o perfeccionar esas condiciones.

Para lograrlo, la construcción de capital social es fundamental, por eso el sabio chileno Humberto MATURANA decía que la democracia es una "obra de arte" que no tiene que ver con la eficiencia ni la perfección sino con la convivencia en la fraternidad. Tiene que ver con la confianza entre la gente y entre los ciudadanos y las instituciones, con el respeto a las opiniones ajenas, con la honestidad, las relaciones fraternas y el compromiso con la acción pública, es decir con la participación en la política, sea partidista o no.

La democracia es una obra humana nacida del encuentro entre iguales para participar en la toma de decisiones sobre lo que es público y sobre lo que depende la sana convivencia entre la gente. La democracia no es un sistema perfecto, previsible, disciplinado, jerárquico y cartesiano, donde cada persona o grupo camina marcialmente hacia objetivos plenamente establecidos. Todo lo contrario, la democracia es un ancho sendero donde todos avanzan cada uno su propio ritmo, con sus objetivos disímiles, con sus intereses y creencias, pero donde no se estorban unos a otros y donde el Estado tiene como fundamental deber la creación y el mantenimiento de las condiciones para que el sendero sea transitable, y le permita a cada persona llegar a su destino sin estropear las posibilidades de que los demás lleguen a los suyos.

El principal instrumento para construir capital social es el lenguaje, pues lo humano se da en el lenguaje. No sólo en el hablar, se trata de escuchar al otro, no sólo en sus palabras sino en sus gestos y sobre todo en su accionar. Las conversaciones son uno de los mejores instrumentos para la construcción de libertad y democracia, por ello las palabras adecuadas para caracterizar a la democracia son consenso, diálogo, concertación, conciliación y armonía. Las palabras autoridad, disciplina, obediencia, sumisión, centralismo y demás no están reñidas con la democracia, pero no le son propias. Recordemos que la democracia nació del diálogo entre iguales en el Ágora de la Atenas del Siglo de Oro. No nació del orden y la disciplina cuartelaria de Esparta. La democracia nació en los espacios libres de las plazas y por ello fue fecunda en propiciar el despliegue de la creatividad humana y allí florecieron abundantes las artes y las ciencias. Esparta en cambio en orden a la cultura fue un erial.

La democracia es una obra de arte en permanente y fértil creación y sus artistas son los demócratas que en el ejercicio del respeto al pluralismo y a la diversidad, abren continuamente el sendero a la marcha de una ciudadanía activa y participativa que se preocupa y se ocupa de lo público. Los representantes, los electos, los ganadores en unas elecciones, los gobernantes no son los depositarios del poder –que sigue y debe seguir en manos de los ciudadanos– sino los administradores de determinados asuntos públicos. De allí que el solo hecho de haber sido electos, independiente de la mayoría obtenida, no les da ningún derecho a usurpar la soberanía que siempre reside en el pueblo.

En este sentido las elecciones son un elemento importante de la democracia, pero no es el único, ni siquiera el más importante, que lo es la libertad. Con frecuencia las elecciones han sido utilizadas para secuestrar a la propia democracia.

Por ello la democracia es en lo sustantivo la libre participación, en términos de igualdad, de los ciudadanos en la orientación y funcionamiento de la sociedad. Todo lo que restrinja la libertad y la participación del ciudadano en el debate y en las decisiones de lo público no es democrático. Por ello no es demócrata el que invoca su triunfo para imponer su exclusiva voluntad, o para gobernar con sus incondicionales, o para despreciar o ignorar las opiniones que son distintas a las suyas. El centralismo y las decisiones tomadas por las cúpulas son contrarias al ejercicio de la libertad y la democracia.

Tampoco ayuda a la construcción de la libertad y la democracia el lenguaje dañino, la descalificación del otro, la ofensa, el sectarismo, el fanatismo y otras señales de intolerancia. El lenguaje tóxico da sociedades tóxicas.

Los partidos políticos que luchan por la libertad y la democracia deben ser ejemplos de libertad y democracia. Partidos autoritarios, centralistas, autocráticos son contrarios a la construcción de una sociedad libre y democrática, y con ello enemigos en el accionar del desarrollo integral sostenible, así digan y luchen por ello, pero sin dar el ejemplo a lo interno.

La democracia es una obra de arte que por encima de todo exige la delicadeza y la altura para ejercer el diálogo pleno, en el reconocimiento de la legitimidad del otro y en el respeto a la disidencia. La democracia es una obra de arte hermosa, delicada, difícil y con mucha frecuencia frágil, que debemos defender a toda costa.

III. 4 *CONVIVENCIALIDAD*

Está claro que el desarrollo sostenible es fruto de determinadas cualidades en las personas y en las comunidades humanas que tienen que ver con la confianza, el respeto, la sociabilidad y otros atributos. También con la libertad, la democracia y el Estado de Derecho.

Está claro que los países o lugares alcanzan altos niveles de bienestar no por su dotación de recursos naturales, ni su posición en el globo terrestre, ni el color predominante de la población, ni su tamaño ni edad, ni sus creencias predominantes; todo eso puede influir, pero no es determinante. Lo que sí es necesario es la existencia de diversas condiciones que favorezcan el crecimiento personal y colectivo, el ascenso individual y social, que opten por el bienestar de todos y cada uno de sus integrantes, incluyendo en el sistema complejo que es la realidad a los seres humanos, a los demás seres vivos, el ambiente, la cultura y demás elementos y relaciones entre ellos.

Existen una serie de conceptos para definir esos atributos "blandos" o características cualitativas, o conductas, o capacidades personales y colectivas que deben tener una sociedad humana, para que pueda transitar el proceso de mejoramiento continuo de su calidad de vida: capital social, institucionalidad, confianza, convivencialidad o convivialidad y muchos más.

Son varios los especialistas que se han referido a ello, entre los cuales están Adam SMITH, Gunnar MYRDAL, Ernst F. SCHUMACHER, Robert PUTNAM, James COLEMAN, Douglas NORTH, Francis FUKUYAMA, Adela CORTINA, Bernardo KLIKSBERG,

Manfred MAX-NEEF, Antonio ELIZALDE, Humberto MATURANA, Amartya SEN, Elinor OSTROM, Daron ACEMOGLU y James A. ROBINSON entre muchos otros.

Es en el fondo se trata de una cultura de respeto y de confianza que se ha conformado en determinadas sociedades, en procesos de maduración colectiva, que son promovidos de muy diversas formas, pero donde siempre ha tenido que ver el lenguaje, con las palabras más frecuentes empleadas en las conversaciones. Hay lugares y países que han desplegado esos procesos virtuosos desde tiempos remotos, otros que los tenían y los perdieron, y existen sociedades que han logrado, con base a un esfuerzo premeditado, esa cultura virtuosa recientemente.

Es más, existen comunidades vecinas en donde en una existe mayor nivel de bienestar que en la otra, lo cual se debe a la calidad de las relaciones sociales, a la confianza y a las conversaciones sanas. Putnam llama "malignas" a las comunidades en las que predomina el chisme y los comentarios tóxicos. Como lo demuestran Daron ACEMOGLU y James A. ROBINSON en su libro "Por qué fracasan los países", existen comunidades vecinas en donde unas gozan de mayor bienestar que otras, gracias sus instituciones virtuosas.

La palabra que mejor recoge esta cultura de la confianza y la participación es "convivencialidad" o "convivialidad", que viene de convivencia cuyos sinónimos son avenencia, acuerdo, armonía, trato, concordia, relación, coexistencia, compatibilidad, entendimiento, comprensión, tolerancia, simpatía, sociabilidad y diálogo, según el diccionario de Word.

El filósofo Iván ILICH, un austríaco que vivió en Cuernavaca (México) consagrando su vida como maestro de escuela, desarrolló este concepto en los años setenta para ofrecer una alternativa frente a la instrumentación del hombre por la revolución industrial, donde aparece como un ser manejado por las herramientas. Planteaba que la industria y sus máquinas podrían estar al servicio del hombre y no al revés. Por extensión se habla de convivencialidad relativa a las organizaciones, máquinas, herramientas, procesos y demás asuntos que son controladas por el hombre y donde este es un ser libre y no dependiente.

El concepto de convivencialidad o convivialidad lo considero preferible a "capital social" que evoca a unos recursos que se invierten para obtener beneficios, como el capital que se suscribe para crear una empresa, o capital humano que es lo que se invierte en la preparación de una persona. También se habla ahora de capital emocional, ambiental, relacional y hasta espiritual. Pero la palabra capital está asociada al campo de la economía, o denota recursos o inversiones, y este asunto no necesariamente se ubica en esos campos.

La diferenciación también tiene que ver con el concepto que se tenga del desarrollo, pues si se asocia al crecimiento es natural que se vincule a capital, en cambio si desarrollo se asocia a bienestar, la perspectiva es otra. En la primera acepción se trata del crecimiento del producto interno bruto, si se trata de la segunda se está en el campo de la satisfacción de las necesidades humanas con un mínimo consumo. Se está en los temas del desarrollo a escala humana, de "lo pequeño es hermoso", del bien común.

La convivencialidad es la capacidad de vivir en paz con todas las demás creaturas, con el paisaje, con la naturaleza, satisfaciendo las necesidades existenciales del ser, tener, hacer y estar, y las axiológicas de la subsistencia, protección, afecto, entendimiento, participación, ocio, creación, identidad, afecto y libertad, siguiendo la clasificación de las necesidades del modelo del Desarrollo a Escala Humana.

El camino del desarrollo humano sostenible sigue la ruta de la convivencia, que es contraria al modelo predominante de crecimiento, alto consumo, contaminación y una economía al servicio del lucro y la codicia.

III. 5 *EL CAFÉ Y EL CAPITAL SOCIAL*

Una secuencia lógica para escribir sobre el café debería comenzar por su origen, su siembra y su cultivo y por allí seguir. Vamos en cambio a iniciar esta crónica como si estuviéramos sentados alrededor de una mesa tomado café con unos amigos. ¿No es acaso esta escena la más popular del mundo? ¿La más extendida? Compartiendo una taza de la popular bebida, en la casa o en la cafetería, han surgido más ideas y más negocios que en un laboratorio o una reunión de trabajo, una junta o un congreso... a menos que cuenten estas con buenas cafeterías.

Resulta que uno se reúne alrededor de un tinto, un marroncito o un con leche, conversa y se inicia el despliegue mágico de las palabras que van recreando memorias, informando realidades, tejiendo ideas y creando sueños. Incluso en solitario al cada sorbo y el auxilio de la propia servilleta y un lápiz, nace una crónica, un proyecto, una melodía, un poema. Así estos espacios se han convertido en verdaderos santuarios donde se le rinde culto a la amistad, a las relaciones humanas y al sano compartir. Y de allí a que sean inagotables fuentes de innovaciones, emprendimientos y creaciones mediante las conversaciones cruzadas que se dan entre las personas.

No existe bebida en el mundo que provoque este compartir en sana paz. Ni el vino o la cerveza lo han logrado, mucho menos los tragos de mayor contenido alcohólico, responsables de otra maravilla como la bohemia, que es harina de otro costal, aunque parecido. Las cafeterías están más asociadas a la conversación en el silencio o con un suave fondo musical. Porque la idea es meditar si se está solo o conversar si acompañado. De allí que estos establecimientos están asociados al salón de la casa o la panadería, a una esquina de la calle, una plaza, en las cercanías de un teatro, una librería e incluso un templo. Una terraza al nivel de la calle y en la azotea donde la vista es atractiva.

Hay librerías famosas que tienen una cafetería entre sus estantes, como La Casa del Libro en Madrid, el Gandhi en México, La Rama Dorada en Mérida - Venezuela, entre muchos otros. O cafeterías que tienen libros. En Maracay existe una "Cafebrería", en Caracas está Kalathos en el Centro de Arte Los Galpones en La Urbanización Los Chorros. También en el Ateneo de Caracas frente a la librería era famosa su cafetería, hoy desaparecidos. En la capital del Táchira existía la genial "Librería sin Límites" frente a la plaza Los Mangos donde además de libros se degustaba un excelente café, sabrosos dulces y se compraban artesanías. Buenos Aires es famosa por sus librerías y cafés, juntos y revueltos. La librería Ateneo Grand Splendid en la calle Santa Fe de Buenos Aires es una joya de importancia planetaria. En Colombia "Juan Valdez Café" es una gran idea traducida en unos gratos espacios para degustar uno de los mejores cafés que existen, creada por la Asociación de Cafeteros de Colombia y sus sucursales se extiende a lo largo de Colombia y a nivel internacional.

En el mundo hay cafeterías famosísimas porque fueron, y muchas lo son aún, lugar de tertulias de sus mejores escritores, políticos o toreros en el caso de España, como el Café Gijón cerca de la plaza Colón en Madrid lugar de poetas y toreros. El Café de la Paix en París es quizá es el más famoso del mundo por ser el punto de encuentro de los más importantes intelectuales que se concentraban en la Ciudad Luz. No es de extrañar que el Dr. José Gregorio HERNÁNDEZ disfrutara de sus tintos y de su ambiente, pues ya existía ese local cuando nuestro Beato vivió en París.

En al caso de Venezuela han existido cafeterías famosas, como el Gran Café de Sabana Grande, fundado por Henri Charriére el famoso presidiario y escritor francés apodado "Papillón". Este lugar es frecuentado por la intelectualidad venezolana y allí estuvieron escritores como Gabriel García Márquez, Mario Vargas Llosa, Julio Cortázar, Miguel Otero Silva o Salvador Garmendia. En los bares cercanos se reunían los bohemios de la República del Este, pero por aquí pasaban a tomarse su "guayoyo". A lo largo y ancho de nuestro país se encuentran estos lugares gratos para la conversación, llámense cafeterías, panaderías o fuentes de soda. En Maracaibo eran, o son, tradicionales La Terraza Kabuki en 5 de Julio, Bambi en Bella Vista y la cafetería del Teatro Baralt entre otras. En Mérida por serrana y universitaria tiene abundancia de café y de tertulias, el Café Croacia, Tía Nicota, Barista Andino y la Tacita de Oro en La Parroquia son muy buenas entre muchas. En San Cristóbal además de Sin Límite está La Posada Tachirense.

El estado Trujillo no escapa a esta tradición de tomar café en gratas conversaciones. En Valera fueron famosas el Sol y Sombra frente a la plaza Bolívar, La Cimbali en la avenida 10, El Campo y La Terraza en la avenida Bolívar entre muchas otras. En Boconó indispensable mencionar a la cafetería del Trapiche de Los Clavo, La Panadería Los Leones cerca del hospital, Diana cerca de la plaza Bolívar. En Trujillo capital hacen falta establecimientos como estos.

Los lugares como estos están proliferando mucho en el mundo entero, tanto por el gustoso café cuyo consumo crece, como por la necesidad de encontrarse luego de tanto aislamiento por la pandemia.

En muchas organizaciones le dan tanta o mayor importancia a la cafetería que a las propias oficinas aulas o salas de reuniones y destacan en ello las firmas de vanguardia tecnológica, aunque el sabor que dan los viejos cafés son de un gusto exquisito. De tal manera que estos lugares son antiguos y modernos, de oriente y occidente, de todas las culturas y creencias, con la sola excepción de los mormones quien sabe por qué causa.

A partir de estas características de esta aromática y popular bebida, se han creado numerosas y generalmente exitosas ideas, como los cafés literarios que reúnen a intelectuales a compartir sus obras y saboreando su tinto o las variantes de ahora. El Banco Santander en Chile fusionó la oficina bancaria con una cafetería para ser más grata y útil la permanencia en el negocio, tuvo éxito y ahora está en España, Estados Unidos, Brasil, Argentina, México, Polonia, Portugal y Reino Unido.

Una idea mucho más extendida y más útil es el World Café que es un proceso de conversación humana, cálida y significativa que permite a un grupo de personas dialogar sobre preguntas poderosas, para generar ideas, acuerdos y caminos de acción creativos e innovadores, en un ambiente acogedor y amigable, semejante al de una cafetería. Esta metodología fue desarrollada por dos consultores mexicanos: Juanita BROWN y David ISAACS y ha sido utilizada desde el 2005 en los más variados escenarios, con diferentes grupos de edad, con diferentes culturas, para propósitos diversos en diversas partes del mundo.

Lo cierto es que alrededor de una taza de café se han generado ideas y conversaciones que han aportado mucho a la sociedad, sobre todo en el campo del pensamiento y de las relaciones humanas. La fuente principal del capital social son las palabras, las conversaciones, de allí que sin lugar a duda la importancia de estos lugares en cuanto a la generación de confianza, amistades, redes e innovaciones.

Claro que todas las virtudes de este popular y exquisito grano no pueden ser obra de la casualidad, sino que es parte de un largo e interesante proceso que parte desde la selección de sus semillas, la preparación de los almácigos, las tierras de sembradío, su cultivo, cosecha, su delicado procesamiento en la finca, su comercialización en sacos de fibras naturales, generalmente el yute o cocuiza, el tostado, la preparación y el servido en la taza adecuada. Todo eso exige no solo conocimiento sino una gran pasión, mejor dicho, amor por el café.

Además, la participación de muchas personas, viejos y jóvenes, mujeres y hombres, familiares y jornaleros, todos unidos en la misión de producir excelentes frutos. Las haciendas de café, generalmente de pequeño tamaño, representan un ecosistema muy particular y grato, de clima fresco y sombra generosa. Es un cultivo en ladera muy conservacionista y dan como resultado paisajes hermosos, a los que se suman las casas de esos campos, grandes, de pisos de ladrillo y entejadas, con muchas habitaciones, espléndidas cocinas y enormes patios para el secado.

El capital social que genera el café se inicia en las primeras fases del cultivo y se mantiene a lo largo de su proceso productivo, hasta llegar a la grata conversación alrededor de una mesa, compartiendo la bebida en familia, los amigos o en esos encuentros que son parte de la mejor expresión del humanismo. Un sorbo de café representa uno de los procesos productivos más interesantes de la tierra, donde aún permanecen las virtudes de lo que se llama la economía humana. Quiera Dios que no sucumba.

III. 6 *POR QUÉ UNOS LUGARES SON EXITOSOS Y OTROS SON FRACASADOS*

"El desarrollo con libertad es esencial para evaluar el crecimiento de una nación, este debe ser medido según el nivel de vida de sus ciudadanos y a su capacidad de ser libres". Amartya Sen. Premio Princesa de Asturias en Ciencias Sociales 2021. Premio Nobel de Economía 1998.

Está ampliamente demostrado que la prosperidad de un lugar no depende de su tamaño, ni del clima, o de la dotación de recursos, el color de la piel de su gente, idioma, religión, si su pasado es glorioso o no, ni de su antigüedad. ¿De qué depende entonces que una comunidad, una sociedad o un país sean desarrollados o subdesarrollados? ¿Cuáles son los factores o procesos que conducen al éxito o al fracaso de una colectividad? Son preguntas que han ocupado a muchas personas e instituciones, sobre todo a partir de la Revolución Industrial cuando la diferencia del nivel socioeconómico entre distintos territorios creció de manera exponencial.

Desde las investigaciones de Adan SMITH, Gunnar MYRDAL y SCHUMPETER hace años, o las más recientes de Robert PUTNAM, Douglas NORTH, Francis FUKUYAMA, Amartya SEN, Martha NUSSBAUM, Elinor OSTROM, Daron ACEMOGLU y James A. ROBINSON, entre muchos otros, lo han puesto claro. En América Latina destacan los aportes Manfred MAX-NEEF, Antonio ELIZALDE y Martín HOPENHAYN con su libro "El Desarrollo a Escala Humana", así como los documentos del Centro Latinoamericano de Integración y Cooperación (CELADIC). El Programa de las Naciones Unidas para el Desarrollo ha producido brillantes informes sobre el tema y como "Los Objetivos del Desarrollo Sostenible" de las Naciones Unidas, que apuntan en dirección a las respuestas a aquellas preguntas.

Diversos aportes a estos temas han realizado la Iglesia Católica desde los tiempos de la Encíclica "Rerum Novarum" del Papa León XIII en 1891, pasando por Pablo VI en la encíclica "Populorum Progressio" y ese excelente documento del Papa Francisco "Laudato sí", además de los valiosos aportes de las Conferencias Episcopales de América Latina, sobre todo sus Documentos de Puebla, Medellín y Aparecida.

Es necesario tener claro que el asunto no es simple, al contrario, su complejidad permite afirman que la situación de avance o atraso de una comunidad generalmente no tiene explicación en una sola causa, sino que apunta a una serie de factores y procesos, incluso algunos de carácter fortuito. Pero esos estudios tienen puntos en común y es eso precisamente lo que interesa valorar debidamente, de manera de estar más claros en cuales son los caminos que con mayor probabilidad conducen al éxito o llevan a la ruina.

Como punto de partida es válido afirmar que ningún lugar está condenado ni a ser exitoso ni a ser fracasado. Incluso en países pobres se dan casos de lugares exitosos, así como en países desarrollados se dan casos de comunidades pobres. También existen experiencias de sociedades exitosas que luego fracasan, o sociedades fracasadas que luego de un proceso adecuado alcanzan el éxito. Esto lleva al convencimiento que la responsabilidad de esos procesos virtuosos o malignos reside en la gente y en las instituciones que crean. En la inteligencia o en la estupidez de sus ciudadanos. O, hay que decirlo, en la capacidad de bondad o de maldad de sus líderes.

Estos autores demuestran con diversos estudios de casos que la prosperidad de los países exitosos depende de la fortaleza de sus instituciones, o del grado de confianza en la sociedad, el espíritu emprendedor de su gente y el ambiente para desplegarlo, de la cultura ciudadana, la seguridad jurídica, sistemas políticos pluralistas respetuosos de la diversidad que cuentan con una sociedad civil organizada. Son países donde existe democracia y libertad. Existen factores que generan "círculos virtuosos", es decir espirales o "bucles" que se retroalimentan y crean más y más efectos positivos, que refuerzan los procesos de ascenso y bienestar.

Los países fracasan y se extiende la pobreza cuando sus instituciones económicas son "extractivas" es decir especulativas, corruptas y concentradoras de riqueza en unos pocos. Tienen sistemas políticos autoritarios y concentran el poder en manos de una élite que actúa casi sin restricciones. No existe confianza entre los diferentes actores sociales, es débil el Estado de Derecho y existen restricciones al ejercicio democrático y a la libertad.

Allí en estos países con esas carencias institucionales se producen los círculos viciosos o malignos, que actúan en sentido negativo, reforzando los mecanismos perversos que conducen al fracaso: autoritarismo, corrupción, desconfianza, especulación y otros males.

Los caminos de la prosperidad están claros. También los del fracaso. Aquellos países que optan por la libertad, la democracia, la apertura económica, el respeto a la propiedad privada con una transparente supervisión del Estado para evitar los abusos, la descentralización, la educación de calidad y otras políticas que promueven la innovación y el emprendimiento de la gente, van camino a la prosperidad.

Todas esas virtudes de confianza, participación organizada de la sociedad en los asuntos públicos, instituciones sólidas, la conciencia cívica y ciudadana, los valores éticos predominantes ejercicio responsable de la democracia y la libertad, se le llama "capital social". Esos valores no son patrimonio hereditario de ningún grupo social, ni dotación natural de ningún lugar o país.

Son virtudes que se construyen, no con dinero, cabilla y cemento, sino con la palabra, tremenda herramienta de la cual todos los seres humanos estamos dotados. Maneras existen para hacerlo, técnicas apropiadas las hay y todas parten del saber escuchar y saber conversar, asunto mucho más complejo que construir un edificio. Se trata, al final, que el éxito o el fracaso de un lugar, una comunidad o un país, depende sólo de la calidad con la cual se traten entre sí sus habitantes.

III. 7 *COMUNIDAD O INDIVIDUOS*

Uno de los problemas de fondo que tenemos para enfrentar los desafíos del desarrollo sostenible, o del bienestar, con todo lo que ello significa en materias como la pobreza y el hambre, la contaminación o el calentamiento global, la pandemia y otros problemas de salud, es la concepción que tengamos de la especie humana en general, y de cada ser humano en particular.

Si consideramos que la humanidad es un conjunto de individuos que nacen, crecen, se multiplican y mueren, sin mayor valor que su poder adquisitivo, pues el comportamiento estará en consonancia con esa idea. Si consideramos que cada individuo es una persona humana poseedor de una dignidad que proviene de su propia naturaleza, porque que tiene conciencia de sí y de todo lo demás, entonces la conducta será otra.

Por los vientos que soplan, en los sectores que dominan la política y la economía mundial priva la primera acepción, llámese elector, pueblo o cliente. Si se constata que el mundo produce los alimentos para que no haya gente pasando hambre, si con unos centavos de dólar se pueden vacunar a todos los seres humanos contra el COVID, y que solo eliminando los tres o cuatro consorcios que producen la mayor parte de la contaminación del mundo y de la comida chatarra se resuelven gran parte de estos problemas, y esto no se hace, ¿Qué clase de idea se cree que domina?

Digan lo que digan la Organización de las Naciones Unidas y sus organismos especializados, la Organización Mundial de la Salud, el Foro de Davos, las cumbres sobre el cambio climático y las otras cumbres, junto a la mayoría de los líderes, en el fondo y visto globalmente, el mundo se ha organizado de tal manera que, aun cuando se declara que somos una comunidad mundial, una comunidad de personas, pueblos y naciones, que somos la comunidad humana, la verdad es que somos individuos en una competencia por sobrevivir, cada quien como se pueda. Y el estímulo fundamental es la codicia, o el egoísmo como dice con auténtica sinceridad la teoría económica.

Sin embargo, por su propia naturaleza, el hombre no puede sobrevivir como un individuo, pues teniendo los conocimientos que tiene y todas las fortalezas que le da la inteligencia, el ser humano nace como el más débil de los seres vivos, que muere si no tiene por largo tiempo el apoyo de la madre, o no puede desplegar todo su potencial adecuadamente sin la presencia del padre, de la familia y de una comunidad local solidaria.

En ese espacio vital predomina el concepto de que cada individuo es una persona humana, que tiene dignidad y que se le quiere por haber nacido y formar parte de esa comunidad íntima. Todos allí se mueven por el amor al otro y a todos como totalidad. Se mueven por que se quieren, entonces se apoyan unos a otros, sin importar mucho cuánto cuesta esa ayuda, ni cuál es su sexo, sus creencias, ni siquiera su comportamiento. A veces se quiere más al que más dificultades tiene o crea.

Esa comunidad humana cercana genera seguridad y confianza porque responde a valores que no se tranzan en el mercado, ni son utilitarios, son valores superiores propios de la dignidad de la persona humana. Allí priva el cariño, el afecto, la solidaridad, el apoyo mutuo, los bienes compartidos. No priva la codicia, ni el lucro, ni la competencia, aun cuando no son sociedades perfectas ni santas. Pero predominan los valores superiores que toda persona humana tiene.

Cuando la escala crece, esa comunidad se integra a otras y la sociedad se hace compleja, otros valores entran en juego. Sin embargo, las sociedades exitosas, mediante diversos mecanismos, hacen que esas virtudes, antes domésticas, se expandan y se hacen cívicas y la ciudad y la nación están impregnadas de ellas. Esas comunidades regionales y nacionales plasman en constituciones formales, en leyes y normas diversas, y en el despliegue de los "valores nacionales", esas virtudes que nacen de la familia y el lugar, para que todos se sientan "en casa" cuando están su ciudad o en su país. Son países sensatos, libres y democráticos.

Pero la expansión vertiginosa de otros valores está causando males que parecen irreversibles al planeta y a los seres vivos que aquí moramos, y la confianza en la ciencia y la tecnología de posibilidades ilimitadas, se cuestionan no por su capacidad innovadora sino porque están movidos por los valores de la codicia que son la raíz del problema. Bienvenida la ciencia y la tecnología si es capaz de detener el deterioro, el hambre y la pobreza, de resolver los serios problemas de salud, de ayudar a crear conciencia en los liderazgos que se mueven por el poder y la ambición, pero que la propia ciencia les da las armas para imponerse.

La sociedad de la información está contribuyendo a expandir la conciencia sobre estos y otros temas, pero globalmente las personas se comportan como individuos, sujetos de consumo. El vínculo comunitario en la sociedad de redes globales y monopólicas se está perdiendo aceleradamente. La sociedad global se mueve más y más por los valores del consumo, el lucro, el poder y la codicia. Los gestos de solidad ya son noticias globales por la curiosidad que despiertan, pues si fueran lo común y corriente, ni noticias fueran.

Otro mundo es posible, si entendemos que somos personas humanas, sujetos de dignidad.

III. 8 *DESCONFIANZA*

La desconfianza es una característica que crece y se extiende a muchos sectores de la vida nacional. Es una clara señal de la debilidad que alcanza la densidad de capital social entre nosotros y que es causa, y a la vez consecuencia, del incremento de la pobreza, la inequidad, la inseguridad y el deterioro de los distintos indicadores del desarrollo sostenible, como la libertad, la democracia, la transparencia y la justicia, entre otros.

Hay claridad que el desarrollo de un país depende de aquellos capitales intangibles que tenga, más que de sus riquezas naturales, y una de las más importantes es la confianza entre las personas, y entre estas y las diversas instituciones. Nada prospera en medio de la desconfianza.

Hace unos meses se presentaba aquí en estos artículos de prensa los resultados de unas encuestas aplicadas en el Estado Trujillo sobre este tema, que mostraban una lamentable realidad. Ahora se amplió ese estudio a 36 comunidades del occidente del país y los resultados no pueden ser peores. Se le preguntó a una serie de personas, la mayoría líderes de la comunidad, que calificara del 1 al 10 el grado de confianza a sus familiares, amigos, vecinos, compañeros de trabajo, jefes y supervisores, así mismo a una serie de oficios y profesiones, y a algunas instituciones.

Como comentó una estudiante en la presentación del estudio: "parece que la gente vive en una cáscara". La desconfianza alcanza los más altos niveles en los policías, militares, políticos, jueces y funcionarios públicos. Es muy elevada en los comerciantes, en los vecinos, compañeros de trabajo y supervisores. Es media en los religiosos, periodistas, empresarios maestros y profesores. La desconfianza es baja en los médicos, los amigos, los familiares y las personas mayores.

Es muy baja la confianza en las instituciones gubernamentales, en el sistema judicial e incluso baja en las instituciones religiosas. Los entrevistados mostraron muy poco interés en el trabajo comunitario, en la política y en su participación en organizaciones políticas, religiosas y civiles.

Al detallar estos resultados resulta que coinciden en comunidades urbanas grandes y pequeñas y en áreas rurales. Es factible deducir de este trabajo que la desconfianza en una plaga que se ha extendido muy gravemente, lo que erosiona las posibilidades de ir saliendo de la situación de deterioro de la calidad de vida.

Hace unos días se presentaban diversos informes sobre la gravedad de las condiciones de vida del continente latinoamericano, entre ellos Venezuela. Afirmó Christof WÜNSCH, director del departamento para América Latina de la organización de ayuda alemana "Brot für die Welt" (Pan para el mundo): "Lo que observamos, y también lo que nos comparten nuestros socios en el continente, es que la situación es realmente dramática y que, lamentablemente, los niveles de pobreza seguirán aumentando".

"Venezuela tiene el último lugar en el Índice de Estado de Derecho 2021" afirmó de World Justice Project; en el World Talent Ranking correspondiente al año 2021 aparece Venezuela en el último lugar de los 64 países estudiados respecto a la competitividad laboral, está entre los cinco países percibidos como más corruptos del mundo según los estudios de Transparencia Internacional, y es el primero en Latinoamérica según el Índice de Percepción de la Corrupción. Así estamos en los indicadores de libertad, democracia y en el Índice de Desarrollo Humano del Programa de las Naciones Unidas para el Desarrollo (PNUD).

No es de extrañar entonces que los venezolanos tengan estos altos niveles de desconfianza, y que hayan decidido reducirse a tratar de sobrevivir con dignidad en sus espacios más íntimos. Pero esto es lo más insostenible del mundo, así no se puede seguir si se quiere salir del laberinto. Es necesario hacer todo lo posible por ir ampliando los círculos de confianza, desde cada uno de nosotros en casa, en su lugar de residencia, en su trabajo y en cada espacio que ocupa.

Toca por supuesto a los líderes asumir en grado heroico la tarea de construcción de confianza, que comienza por hacer coherente la palabra con los hechos. Darle valor a la palabra, es una tarea fundamental. Cada persona y cada institución, en esta hora oscura que sufrimos, debe convocarse a una serena reflexión y asumir la transformación que el tamaño de la crisis demanda. Superar la desconfianza es una tarea fundamental en el complejo camino de salir de esta pesadilla en que nos metió el socialismo del siglo XXI.

IV. 9 *DESIGUALDAD*

Reducir las desigualdades y garantizar que nadie se queda atrás es el décimo de los 17 Objetivos de Desarrollo Sostenible de la Agenda 2030, aprobada por la Asamblea General de las Naciones Unidas en el año 2015. El primero es poner fin a la pobreza y el segundo "hambre cero". Nadie a estas alturas, a 7 años de distancia del año 2030, es optimista en el cumplimiento de estos y otros objetivos, como la acción por el clima, salvar los ecosistemas, lograr la paz, la justicia e instituciones sólidas. Parece que la codicia, la búsqueda del poder, el afán de lucro y otros propósitos son más poderosos.

Los más recientes informes de las Naciones Unidas y sus dependencias acusan en sus evaluaciones que, aunque la pobreza se ha reducido un poco, la desigualdad se ha incrementado, el hambre está lejos del cero, en las cumbres del clima predomina la decepción, la justicia muestra signos de debilitamiento, la deforestación avanza, los mares se siguen ensuciando, el desempleo continúa muy elevado y las guerras siguen matando gente, arruinando territorios y haciendo más ricos a los fabricantes de armas.

"El mundo está viviendo el mayor número de conflictos desde la creación de las Naciones Unidas. Aproximadamente 2 mil millones de personas viven en países afectados por conflictos", Afirmó António GUTERRES, Secretario General de las Naciones Unidas en el prólogo de su Informe de los Objetivos de Desarrollo Sostenible 2022. Allí recordó que "para finales de mayo de 2022, unos 6,5 millones de refugiados habían huido solamente de Ucrania, en su mayoría mujeres y niños". No recordó que la cifra de migrantes y refugiados venezolanos supera los 6,81 millones, según fuentes de la propia ONU.

El tema de la desigualdad extrema es muy serio, puesto que cuando los sistemas políticos no alimentan la esperanza de la gente en la idea de que con esfuerzo y preparación se pueden lograr mejores niveles de vida, la desconfianza se extiende peligrosamente. El bloqueo estructural a las expectativas deteriora la democracia, pero también causa aprietos a las dictaduras, pues la sociedad de la información extiende la idea de que un mundo mejor es posible.

Lo cierto es que parece que no hay lugar para el optimismo sino se producen grandes transformaciones en la manera de producir, distribuir y consumir los bienes y servicios, y los enfoques a la satisfacción de las necesidades humanas.

El Laboratorio de Desigualdad Mundial (World Inequality Lab-WIL-) publicó recientemente un informe que descarna la realidad. "Las desigualdades contemporáneas de ingresos y riqueza son muy grandes", afirma. "El 10% más rico de la población mundial actualmente recibe el 52% del ingreso global, mientras que la mitad más pobre de la población gana el 8,5% del mismo". "La mitad más pobre de la población mundial apenas posee riqueza, poseyendo solo el 2% del total. En contraste, el 10% más rico de la población mundial posee el 76% de toda la riqueza".

La desigualdad entre las personas no es similar en las distintas partes del mundo. En los países donde existen cleptocracias las desigualdades sociales son enormes, como en Rusia donde el 1% de los ciudadanos rusos más ricos posee el 48% de la riqueza. En China el 10% de la población concentra el 68% de la riqueza. La India, Turquía, Siria, Irán o Irak son también sociedades muy desiguales.

En los países donde gobiernan teocracias, sultanatos, emiratos y estos tipos de monarquías no parlamentarias, como la de los países árabes, la riqueza se concentra en las familias gobernantes. También es muy elevada la desigualdad en los países pobres del sur de África y Sudáfrica es el país más desigual del mundo con una sociedad donde 10% de la población posee más de 80% de la riqueza, según un informe del Banco Mundial.

En América el país más equitativo es Canadá y Estados Unidos ve crecer la desigualdad, pero América Latina mantiene desde hace tiempo el baldón de ser el continente más desigual del mundo, a pesar de que sus países han sido gobernados alternativamente por democracias y dictaduras. Los países menos desiguales son Costa Rica, Uruguay y Argentina. Los más desiguales son México, Honduras, Guatemala y Chile. En Venezuela donde gobierna una cleptocracia ya es el país más pobre, superando a Haití, y el ingreso del 10% de la población con ingresos más altos es 70 veces mayor que el del 10% más pobre, según los informes de ENCOVI.

Un tema importante a abordar es la desigualdad territorial a lo interno de los países, pues es mucho mayor en las provincias alejadas de las que concentran población y riqueza. En los países de gran equidad, como los que se encuentran al norte de Europa, la desigualdad de ingresos de la población no es acentuada cuando se ve en perspectiva territorial, en cambio la concentración de la riqueza en los países desiguales es mayor en los lugares centrales y la pobreza crece a medida que se ingresa al interior del país, también sube la desigualdad.

Cesar Augusto SISO LUCENA y Rafael Antonio MAC-QUHAE publicaron en la revista Terra, año 2018, un artículo titulado "Desigualdad Territorial en Venezuela. Una aproximación a través de indicadores socioeconómicos, donde afirman: "La desigualdad en Venezuela parece está influencia en gran proporción por la concentración del poder político, las instituciones y la toma decisiones en una sola porción de territorio, menoscabando las posibilidades de grandes espacios de obtener beneficios de la renta petrolera y de los planes de desarrollo que se han generado en el país, especialmente aquellos propuestos a partir de la década de los 70', y que tenían como objeto una mejor distribución de los ingresos y un mejor aprovechamiento de los recursos naturales".

En Venezuela el socialismo del siglo XXI ha causado una grosera desigualdad social, mientras las grandes mayorías se hunden en la pobreza unos pocos llamados boliburgueses concentran la riqueza nacional y la exhiben ostentosamente, algo que en mi pueblo llaman "burros con plata", pero mucha plata.

Como se puede apreciar, la desigualdad no es exclusiva del capitalismo o del socialismo, de la democracia o la dictadura y no respeta razas, credos o climas. Se trata de algo más profundo y tiene que ver con el materialismo y la concepción que se tenga de la persona humana, como sujeto de dignidad o como mero factor de producción y de consumo.

IV. ECONOMÍA Y POLÍTICA

IV. 1 *EL DESARROLLO ESTÚPIDO*

El desarrollo estúpido es el proceso que pseudo satisface las necesidades humanas del presente con un máximo de consumo, gran contaminación del ambiente y compromete la adecuada satisfacción de las necesidades humanas de las generaciones futuras.

Es desarrollo porque se da normalmente en países desarrollados, de manera que no hay que confundirlo con el concepto de subdesarrollo. Es estúpido porque se produce en sociedades inteligentes. Pseudo satisface las necesidades humanas, porque consume enormes cantidades de bienes y servicios que dan una falsa sensación de satisfacción, y en cambio producen grandes y graves patologías. Es contaminante para los seres humanos que consumen y para el planeta que recibe la basura que produce. Y, por supuesto, no es sostenible.

Según la propuesta del "Desarrollo a Escala Humana" realizada por Manfred MAX-NEEF, Antonio ELIZALDE y Martin HOPENHAYN a finales de los años 80, los satisfactores de las necesidades humanas puedes ser clasificados en cinco tipos, a saber: a) violadores o destructores; b) pseudo-satisfactores; c) satisfactores inhibidores; d) satisfactores singulares; y e) satisfactores sinérgicos. Todos se dan en todas las sociedades, pero el desarrollo estúpido opta por los primeros cuatro.

Por ejemplo, satisfacer la necesidad de seguridad y paz fabricando bombas nucleares es claramente estúpido, pero es lo que hacen los países ricos. Alimentar a la población con productos ultraprocesados, también lo es. Permitir los monopolios en asuntos de alto interés estratégico, como la energía y las comunicaciones, también. Como lo es pretender avanzar en la sociedad del conocimiento con redes que no permiten el pensamiento y restringen el lenguaje.

En cambio, existen satisfactores sinérgicos que resuelves varias necesidades a la vez, no contaminan y garantizan el bienestar hoy y mañana, como la comida sana, natural y producida localmente, la salud preventiva, la lectura y la escritura, las conversaciones humanas, el respeto a la dignidad de la persona humana, el deporte y la sana recreación, sistemas de ahorro y crédito, la promoción de la solidaridad y el respeto, la transparencia, la pequeña y mediana empresa y la economía familiar, el respeto a los sistemas naturales y muchos otros.

El desarrollo estúpido es paralelo al desarrollo sostenible, pues las sociedades exitosas o inteligentes por mil razones permiten y promueven las pseudo soluciones. Que países como Alemania, que se ha levantado con tanto éxito luego de dos guerras mundiales, como toda Europa, confíen en las malas juntas –como Rusia y China– para satisfacer sus necesidades de energía y proveer insumos vitales para sus industrias y comunicación, medicamentos y otros asuntos estratégicos, ¿acaso no es estupidez? Y todo porque era más barato.

Quien no es transparente no es confiable, así de sencillo. Y no se pueden establecer relaciones sanas con quien no es confiable. Como cualquier pulpero que no le fía a quien sabe que es mala paga o mala gente. Pero la codicia es mala consejera, como la arrogancia, o la ingenuidad.

Pero la alarma se enciende, o debería encenderse, cuando uno lee que de un solo señor muy rico dependa que Ucrania gane o pierda la guerra, como es el caso de Elon MUSK. O que, de unas pocas personas, muy pocas, dependa toda la conectividad de la población mundial, y si les da una loquera todos nos quedemos hasta sin poder hacer mercado ni salir de la casa. La concentración del poder en estos temas es de una estupidez mayúscula.

Que la Inteligencia Artificial, con todo su potencial, dependa de esta forma oligopolio tan concentrada no parece ser tan inteligente. Y pensar que el tema de la ética la van a resolver los gobiernos, o las Naciones Unidas es también, por ingenuo, una estupidez.

Por supuesto que existen muchos ejemplos de desarrollo sostenible en las sociedades avanzadas, incluso en las llamadas subdesarrolladas. Experiencias exitosas de bienestar humano y de respeto a la naturaleza. La mayoría son de orden local o nacional. Pero en el orden global es más que evidente que la estupidez priva. O no lo es acaso que las 10 empresas más contaminantes del mundo sean precisamente los 10 monopolios más grandes que producen "alimentos" ultraprocesados y "bienes para el cuidado personal".

Los sectores económicos más contaminantes del planeta son la producción de energía, la moda y la alimentación. Y en cada uno de esos sectores son unos cuantos monopolios, cada uno de ellos más poderoso que cualquier país o entidad multinacional. ¿O usted cree que la Organización Mundial de la Salud se atrevería a prohibir la industria de las gaseosas y de la comida chatarra?

Así como la estupidez no es contraria a la inteligencia, tampoco lo contrario del desarrollo sostenible es el subdesarrollo. Y es de hacer lo posible por que la superación del subdesarrollo camine por los senderos de la sostenibilidad, que es sería satisfacer la mayor cantidad de necesidades humanas con el menor consumo posible, en armonía con los demás seres humanos y con la naturaleza. Es el camino del capital social, la economía humana y el respeto a los sistemas naturales. Es el camino del bienestar. Así las generaciones futuras tendrán asegurada su existencia.

Pero como dijo Albert EINSTEIN "Dos cosas son infinitas: la estupidez humana y el universo; y no estoy seguro de lo segundo".

IV. 2 *PARADOJAS*

> *¿Qué humor puede ser más raro*
> *que el que, falto de consejo,*
> *él mismo empaña el espejo*
> *y siente que no esté claro?*
>
> **Sor Juana Inés DE LA CRUZ**

La economía mundial produce bienes y servicios que pueden satisfacer las necesidades alimentarias del doble de la humanidad actual, sin embargo, más de 800 millones de personas están pasando hambre en estos momentos.

La economía mundial sabe cómo producir sin contaminar, sin embargo, produce millones de desechos que intoxican severamente la tierra, las aguas y el aire.

La economía mundial sabe producir alimentos sanos, que alimentarían adecuadamente a los seres humanos, pero gran parte de lo que produce son comidas y bebidas "chatarra", que generan enfermedades y contaminan el ambiente.

Las 10 empresas más contaminantes del mundo justamente producen comidas, bebidas y productos para el "cuidado" de la gente: 1. Coca Cola Company (bebidas y bocadillos entre cientos de productos); 2. PepsiCo (bebidas y bocadillos); 3. Nestlé (alimentos, bebidas, medicamentos, artículos para el cuidado personal y de bebés y más); 4. Unilever (cuidado personal y alimentos); 5. Mondelēz International (Alimentos como Oreo, Tang, chicles y muchos más); 6. Mars (maneja marcas como M&M's, Wrigley y Snickers y es el productor de caramelos más grande del mundo); 7. P&G (Procter & Gamble); 8. Phillip Morris International (La mayor tabacalera del mundo); 9. Colgate-Palmolive; y 10. Perfetti Van Melle con marcas como Chupa Chups, Mentos y Alpenliebe, entre otras.[5]

Los diez países más contaminantes del mundo son: China, Estados Unidos, India, Rusia, Japón, Alemania, Irán, Corea del Sur, Arabia Saudí y Canadá. La mayoría de estos países se jactan de sus sistemas de recolección de residuos sólidos, sus bien cuidados jardines y sus parques arbolados.[6]

Los mayores productores de CO2 son: China, Estados Unidos, Unión Europea, Reino Unido, India, Rusia, Japón, Irán, Corea del Sur, Indonesia y Arabia Saudita.[7]

---

[5] https://www.liderempresarial.com/las-10-empresas-que-mas-contaminan-el-mundo/

[6] https://www.geografiainfinita.com/2021/03/los-paises-mas-contaminantes-del-mundo/

[7] https://www.elfinanciero.com.mx/mundo/2021/04/21/los-10-paises-que-mas-contaminan-el-planeta/

Los 10 países más contaminados del mundo son en su mayoría países pobres: Bangladesh, Pakistán, India, Mongolia, Afganistán, Omán, Qatar, Kirguistán, Indonesia y Bosnia y Herzegovina.[8]

2.153 multimillonarios poseen más riqueza que 4.600 millones de personas en el mundo, sin embargo, las grandes fortunas eluden hasta el 30% de sus impuestos.

El Estado de la seguridad alimentaria y la nutrición en el mundo, elaborado de manera conjunta por la Organización de las Naciones Unidas para la Alimentación y la Agricultura (FAO), el Fondo Internacional de Desarrollo Agrícola (FIDA), la Organización Mundial de la Salud (OMS), el Programa Mundial de Alimentos (PMA) y el Fondo de las Naciones Unidas para la Infancia (UNICEF), cifra en 811 millones el número de personas subalimentadas en 2020, cerca de la décima parte de la población mundial.

Las condiciones de vida han empeorado en 40 de los países más ricos del mundo, donde la clase media también se ha reducido, según la OCDE[9].

En todas las grandes empresas contaminantes están en sus declaraciones de visión su compromiso con la sustentabilidad del planeta, a pesar de ello, entre las principales causas de la desigualdad en el mundo y de la desnutrición está el comportamiento inmoral de las grandes corporaciones.

La corrupción en el sector público es otra de las causas de la pobreza. En los países ricos hay menor corrupción que en los países pobres. Los países menos corruptos del mundo, según

---

8   https://www.iqair.com/es/world-most-polluted-countries

9   Organización para la Cooperación del Desarrollo Económico OCDE

Transparencia Internacional, son Dinamarca, Nueva Zelanda, Finlandia, Singapur, Suecia y Suiza; los más corruptos son Sudán del Sur, Somalia, Siria, Yemen y Venezuela.

Todo indica que la humanidad avanza rápidamente a niveles insoportables de hambre, pobreza y desigualdad, junto a daños irreversibles al planeta, mientras las entidades creadas para advertir y cambiar estas realidades muestran su insuficiencia. Ninguno de los Objetivos del Desarrollo Sostenible de la Agenda Mundial 2030 se está cumpliendo adecuadamente y en muchos de ellos se retrocede. La confianza en que las soluciones vendrán por la ciencia, la tecnología, la sociedad de la información y del conocimiento, la inteligencia artificial, no resisten el mínimo análisis.

La paradoja mayor es que se insiste en el crecimiento económico por la vía de la productividad, cuando se sabe que el asunto viene por un cambio cultural, espiritual o político en que pasa por concebir al hombre como parte del sistema planetario y universal. Entender que no estamos solos para hacer lo que nos parezca.

Jeff BEZOS, luego de su reciente viaje al espacio, un gusto de 10 minutos que costó más de 5 mil millones de dólares expresó: *"Todos los astronautas que han estado en el espacio dicen que el viaje los cambia... miran a la Tierra y están algo asombrados y pasmados por su belleza, pero también por su fragilidad, y puedo dar fe de eso"*. Justo de eso se trata, de reconocer eso tan evidente. Darse cuenta que ese planeta un tan delicado necesita un cuidado especial, un cuidado amoroso.

Desde que el mundo es mundo y el hombre lo habitó, eso está claro para el que lo quiera ver, pero el *homo sapiens sapiens* tiene un cerebro muy desarrollado que con frecuencia les hace difícil ver las cosas más sencillas, y se ha pasado mucho tiempo haciendo la guerra y e invirtiendo recursos en perfeccionarla, sin darse cuenta que el camino es andar bajo las sabias disposiciones de los sistemas naturales.

La codicia ha decidido los caminos de la economía y aquí están los resultados. Las dos empresas más contaminantes del mundo expresan en sus declaraciones de Visión y en sus valores, la sustentabilidad, honestidad, franqueza, respeto a la sociedad y al medio ambiente, mientras lanzan al planeta sus contaminantes y al estómago de sus consumidores bebidas y comidas chatarra. La sociedad de la hipocresía. Así son las cosas.

La humanidad tiene en teorías y en experiencias las alternativas para un mundo mejor. Caminos que producen bienestar en todas las fases de producción, distribución y consumo, en la sociedad y en la naturaleza. Son diversos, heterogéneos, con diversos enfoques, pero tienen en común que buscan un mundo más solidario, sostenible y justo.

Hace poco la "Red Internacional de Economía Humana"[10] ofreció un corto pero sustantivo curso sobre el mapa de alternativas de economías sociales y alternativas, entre otras: economía verde, economía circular, economía del bien común y el sistema B. Allí presentó la Economía Humana como una vía de convergencia de las distintas alternativas, a las que pueden sumar la economía colaborativa, tecnologías adecuadas, el desarrollo a escala humana, economía social de mercado, los sistemas cooperativos y otras formas solidarias.

Este planeta frágil, habitado por seres humanos inteligentes, tiene alternativas para ser mejor, lo que no tiene es la capacidad política y el coraje para enfrentarse a la codicia.

---

[10]   https://economiahumana.org / https://www.riehlatinoamerica.org

IV. 3 *LA HORA DE LA VERDAD*

Todo indica que la hora de la verdad ha llegado para una humanidad que avanza rápidamente a niveles insoportables de hambre, pobreza y desigualdad, junto a daños irreversibles al planeta, mientras las entidades creadas para advertir y cambiar estas realidades muestran su insuficiencia.

Las demandas de un cambio de paradigma se hacen urgentes, mientras la obsesión del crecimiento económico, de la demanda y del consumo no parecen dar paso a una rectificación por un mundo más modesto y sobrio, capaz de soportar un desarrollo armonioso y sostenible.

El malestar general global se viene sintiendo desde hace tiempo, lo que ha producido diversas reacciones, las mayores han sido del sistema de la Organización de las Naciones Unidas y de su Asamblea General, particularmente cuando en septiembre de 2015 aprobaron la Agenda 2030 para el Desarrollo Sostenible y sus 193 Estados Miembros la suscribieron. Esta agenda fue fruto de una larga y compleja negociación entre un gran número de actores de las entidades multilaterales, los gobiernos, la sociedad civil, el mundo académico y el sector privado.

En diciembre de 2015 la mayoría de los países firmaron el Acuerdo de París sobre el Cambio Climático, mediante el cual acordaron reducir sus emisiones de carbono y se consideró como "punto de inflexión histórico" en el objetivo de reducir el calentamiento global. Antes, el 24 de mayo de ese mismo año, el Papa Francisco presentó al mundo su Carta Encíclica "Laudato si' sobre el cuidado de la casa común", un documento profundo y extenso sobre la gravísima situación de nuestro planeta, sus causas desde diversas miradas y sensatas propuestas de acción de alcance global hasta de alcance personales, familiares y locales.

A estas grandes iniciativas se suman diversas alertas que provienen de muy distintas fuentes, desde los grandes empresarios del Foro de Davos llamando a un "gran reseteo" mundial, la Organización para la Cooperación del Desarrollo Económico –OCDE–, el Fondo Monetario Internacional, la Unión Europea y otras entidades, hasta clamorosos llamados de personalidades del mundo libre, sean intelectuales y académicos, artistas y deportistas, políticos y religiosos. El mundo está mal y va mal, era la coincidencia general, pero existen, decían de manera casi unánime, las posibilidades de parar las diversas crisis, o la crisis sistémica, e incluso revertirla a un mundo más sostenible.

Pero llegó la pandemia del COVID-19 y todo cambió. A más de un año de aislamientos en todos los lugares y países, uso de tapabocas, distanciamiento y tratamientos médicos en todo el mundo, caída brutal de los viajes y desplazamientos humanos, congestionamiento de hospitales y cementerios, vacunaciones masivas y otras medidas, la situación de crisis sanitaria se resiste. Para esta fecha, mediados de julio, desde que la oficina de la OMS informó de la aparición de la enfermedad en diciembre de 2019 en China, van al menos 4 millones de muertos y cerca de 200 millones de enfermos, pero, como reconocen muchos, el balance de la pandemia podría ser dos a tres veces más elevado que el registrado oficialmente.

Los impactos en los seres humanos y sus familias han sido muy graves, igualmente en la economía, la sociedad, la salud, la educación, la cultura, los deportes, la recreación; también en la naturaleza y en los demás seres vivos. A pesar de las múltiples reuniones entre los responsables mundiales en materia de salud pública, propiedad intelectual y el comercio, hasta ahora han privado los intereses del lucro, frente a esta enorme calamidad mundial.

Los expertos están anunciando un discreto repunte de la economía, pero acuñando una expresión un tanto novedosa: "En un contexto de incertidumbre radical". Y agregan que la posible recuperación de la economía será "asimétrica", es decir se recuperan la minoría rica y se deteriora la mayoría pobre. Entre tanto, más y más hambre y más y más pobres, la clase media golpeada y la obscena concentración de riqueza en muy pocos, alejan las posibilidades de cumplir los Objetivos del Desarrollo Sostenible, el clima muestra los efectos de la codicia humana, al igual que los sistemas naturales.

Frente a estas realidades no puede caber la indiferencia, el "dejar hacer, dejar pasar". La gente no tiene porqué resignarse a morir de mengua sin tener posibilidades de realización. La gente necesita satisfacer sus necesidades humanas con su trabajo decente, en libertad y en una sociedad en que confía.

La gente, cada vez más gente, va a reaccionar y está reaccionando, pues sabe que en un mundo bien administrado logrará su bienestar, empezando por su propio lugar, su propia comunidad. No son las utopías políticas las que podrán dar respuestas, allí está la experiencia de los países y regiones donde se respeta la dignidad de la persona humana, donde existe libertad y democracia, el estado de derecho y la justicia. Allí está la experiencia de comunidades con elevado capital social. La gente va a buscar esas condiciones, o emigrando a donde existan, o luchando para conquistarlas en sus países.

Las entidades multilaterales deberán realizar un balance a la luz de esta pandemia, porque la gente no ve sino reuniones, pactos, declaraciones y mucha burocracia. Frente a la salud de muchos ha privado el lucro de pocos. Frente a las condiciones infrahumanas no existen medidas audaces y que ofrezcan resultados. Se nota que falta coraje para enfrentar las dictaduras que someten a sus pueblos. La justicia tarda para castigar y detener crímenes horrendos. La prudencia culpable se pone de manifiesto en estos días donde el tiempo no alcanza, porque el deterioro avanza y los costos humanos son muy altos.

Llegó la hora de "el gran reseteo". Si esta economía basada en la codicia y si estos sistemas antihumanos y antinaturales están dando estos resultados, tendremos que darnos cuenta que llegó la hora de la transformación, extensa y profunda. A la humanidad le llegó la hora de entendernos, entre nosotros y con los sistemas naturales de los cuales formamos partes.

IV. 4 *LA GLOBALIZACIÓN DE LA CODICIA Y EL GRAN RESETEO*

La opacidad con que gobiernos y empresas han manejado el asunto de la pandemia, sobre todo en orden a la producción y distribución de las vacunas contra el COVID-16, deja bien claro hacia dónde van las reales intenciones de los poderosos, frente a los llamados de cambio hacia el altruismo, la solidaridad, el cumplimiento de los Objetivos del Desarrollo Sostenible y la llamada del Foro de Davos de un cambio de paradigma que "resetee" o "reinicie" la realidad hacia un modelo de desarrollo más sano, más equitativo y que genere más bienestar, respetando a la naturaleza y sus procesos.

La globalización de la codicia parece ser la respuesta predominante, a pesar de los serios llamados y de algunas iniciativas importantes. "Buen caballero es Don Dinero" insiste Don Quijote a Sancho Panza. Desde el papa Francisco y sus contundentes documentos "Alabado sea" y "Todos Hermanos", hasta la Asamblea de las Naciones Unidas con su Agenda 2030 firmada por todos los países en septiembre del año 2015, no bastan contra el afán de lucro.

Todas las señales de alarma sobre el agotamiento planetario, el cambio climático, la desaparición acelerada de numerosas especies vegetales y animales, el rápido deshielo y sus consecuencias, la deforestación masiva, la contaminación, el crecimiento exponencial de la basura y otros procesos de deterioro, no bastan para moderar o detener una carrera que va aceleradamente al desastre.

La civilización del conocimiento definitivamente no es la civilización de la sabiduría, y los avances científicos y tecnológicos, en su mayoría, están al servicio de una civilización más desigual, sin que se pueda hacer mucho para que cada ser sea respetado en su dignidad, y se entienda que la calidad de su vida va unida a la calidad de vida del otro, a la calidad de su ambiente, de su agua, de su aire y de su tierra.

Un propósito de enmienda y un nuevo camino nacen si existe conciencia de la naturaleza de la crisis, su extensión y profundidad, es decir si nos "damos cuenta", algo que parece difícil para los que lo hacen desde los altos estándares de vida que disfrutan, lejos de la realidad de la mayoría, pero que tienen el poder de las grandes decisiones.

El "reseteo" que propuso el Foro de Davos al comienzo del año es necesario, es fundamental. Que lo hayan aprobado allí es una muestra que intelectualmente hay claridad, y que retóricamente se sabe lo que es necesario hacer y su urgencia, pero lamentablemente se nota, en el principal proceso de la realidad concreta –la administración de la pandemia– que las voces van por un lado y las acciones por otro.

No todo está perdido y la esperanza es lo último que se pierde. El hombre, así como es capaz de grandes crueldades, también es capaz de grandes virtudes. Y es de esperar que la suma de miles de buenas voluntades, con el enorme poder que tienen los pequeños cuando se unen, en esta sociedad de la información, logren desatar las grandes energías necesarias para detener y revertir esta carrera y sustituirla por la sensatez y la armonía, entre los humanos y entre éstos y el lugar donde vivimos.

Ir de la sociedad del conocimiento a la de la sabiduría, de la globalización de la codicia a la globalización de la bondad, es posible. Es el momento.

IV. 5 *LA POSIBILIDAD DE UN MUNDO NUEVO*

¿Existe ahora la posibilidad de construir un mundo nuevo? Rotundamente sí. No porque la codicia ceda espacio a la generosidad o el lucro al altruismo, sino por razones de seguridad, más las que puedan derivarse de los Objetivos del Desarrollo Sostenible y de la amenaza del calentamiento global.

La enorme dependencia de la producción mundial de bienes y servicios "deslocalizados" territorialmente, es decir productos esenciales para el funcionamiento de la sociedad que dependen de cadenas de suministros lejanos, con distintos regímenes políticos y jurídicos, diferentes culturas y, sobre todo, disímiles intereses, ponen de manifiesto una enorme debilidad para la seguridad en materia de alimentación, salud, comunicaciones y muchos otros asuntos. Esto se puso de manifiesto de manera patética con la pandemia.

El tema de las vacunas para el Covid-19 es emblemático. Prácticamente la humanidad entera depende de unos cuantos monopolios que controlan las patentes o el de sus componentes, de tal manera que un problema que paralizó al planeta, que casi acaba con los transportes de bienes y personas y con el comercio mundial, está sujeta a unos laboratorios ubicados en muy delimitados lugares, cuyos productos deben viajar largas distancias en condiciones muy particulares, para llegar a sus destinos, donde la gente desesperada, espera. Entidades públicas y privadas alimentan a los monopolios para que produzcan las vacunas, pretendidamente salvadoras.

Por otra parte, crecen las preocupaciones por las desigualdades en el desarrollo humano y el deterioro de la calidad de vida de la gente, el calentamiento global, la contaminación y el crecimiento de la basura, el abastecimiento de agua, la pérdida de la biodiversidad, el control monopólico de la información, el incremento del terrorismo y muchos otros temas. Crece la conciencia que el modelo predominante de crecimiento económico no es compatible con un planeta finito, pero tampoco con la dignidad de la persona humana, ni la posibilidad de su sostenibilidad en el tiempo.

Todo conduce a pensar que, si la sensatez gana terreno, existe la posibilidad de promover un mundo nuevo, con menor crecimiento y mayor desarrollo, orientado a la satisfacción de las necesidades humanas y no al consumo desorbitado, respetuoso de los sistemas naturales, con más sabiduría que simple información. Un mundo más espiritual y menos materialista.

Tendrá que ser un mundo menos global y más local. Más diverso y heterogéneo. Con más dudas que certezas pues ya no es tanta la confianza ciega en la globalización, la sociedad de la información, la ciencia y la tecnología. Deberán existir variadas formas de conexiones globales, más alternativas y con mayor seguridad y confiabilidad. Existirá una mayor valoración del territorio. Un mundo mucho más consciente desde el punto de vista ambiental.

Los organismos multilaterales tendrán que evolucionar hacia estructuras menos burocráticas y menos lentas, más eficaces en el cumplimiento de sus objetivos y con mayor autonomía de acción. Las organizaciones de la sociedad civil tendrán que multiplicarse, sobre todo desde lo local con interconexiones globales, en alianzas de cooperación.

Y tendrá que multiplicarse el capital social, es decir las relaciones interpersonales, las comunicaciones, las conversaciones, los acuerdos y la construcción de confianza entre los ciudadanos, entre las personas y las instituciones y entre las instituciones mismas. La libertad, la democracia y la justicia permitirán un mayor grado de bienestar.

No es sostenible este modelo materialista, no lo es. Por ello no hay más alternativa que su transformación hacia uno más humano y más respetuoso de la naturaleza. Con un humano que se considere parte de ese ecosistema. El hombre tendrá tomar conciencia de que su existencia está articulada a la del ambiente del cual forma parte.

IV. 6 *PODEROSO CABALLERO ES DON DINERO*

"Poderoso caballero es don Dinero" es una frase muy conocida del escritor español Francisco de Quevedo (1580-1645). Entre sus estrofas cito dos, la primera y la tercera:

"Madre, yo al oro me humillo,
él es mi amante y mi amado,
pues de puro enamorado
de continuo anda amarillo.
Que pues doblón o sencillo
hace todo cuanto quiero,
poderoso caballero
es don Dinero.

Es Galán y es como un oro,
tiene quebrado el color;
persona de gran valor
tan cristiano como moro;
pues que da y quita el decoro
y quebranta cualquier fuero,
poderoso caballero
es don Dinero".

Una de las vergüenzas que puso en evidencia la sangrienta agresión a Ucrania, es toda la podredumbre de los oligarcas rusos disfrutando de sus fortunas mal habidas gracias a la dictadura corrupta de Putin, en los privilegiados lugares de las democracias occidentales, donde disfrutan –o disfrutaban– de libertad y excelente trato.

Las mejores playas y montañas de España, Italia, Francia, Inglaterra y otros países europeos, eran los sitios escogidos para construir sus mansiones, pasear en sus lujosos automóviles, navegar en sus ostentosos yates e instalar sus redes mafiosas, mientras muchos lugareños, y en especial sus autoridades, hacían lo posible para que lo pasaran cómodos, a la espera de que algo les goteara de esas fortunas.

Así lo hacen también muchos de los grandes acaudalados de fortunas mal habidas que provienen de los pueblos arruinados de África, Asia y América Latina. Los boliburgueses fruto del socialismo del Siglo XXI han encontrado en los más lujosos lugares de Estados Unidos y Europa sitios cómodos para el disfrute de una vida opulenta.

Las autocracias son buenas para que prospere la corrupción, haciendo inmensamente ricos a la gente del poder y sus secuaces, mientras se incrementa exponencialmente la pobreza y la miseria. Vea los informes de Transparencia Internacional y los Índices de Desarrollo Humano: a mayor corrupción mayor pobreza. Pero a su vez la libertad y la democracia son buenas, por la complejidad que su funcionamiento implica, para que sea aprovechada por la mala gente para convivir en sus espacios, haciendo gala de sus extravagancias en un mundo que aplaude el espectáculo y la diversión.

La cleptocracia, que es el gobierno cuya razón de ser es el enriquecimiento de los propios gobernantes, de sus familiares y sus amigos, favorece toda clase de delitos a costa de los recursos públicos, pero también de todo lo que recibe o puede recibir la influencia del poder, el nepotismo y por consiguiente el mal gobierno y la ruina de las grandes mayorías.

Las noticias traen la información de la existencia de más de 500 oligarcas de la cleptocracia rusa, cuyo patrimonio pasa de los 500 mil millones de dólares, una cifra muy atractiva para los sistemas financieros y económicos cuya única razón de ser es la codicia. En Venezuela la fortuna de la cleptocracia criolla supera los 100 mil millones de dólares, una caudal enorme para un país modesto, lo que explica gran parte de la ruina generalizada del país. Estos poderosos caballeros encuentran en las democracias occidentales las condiciones favorables para disfrutar sus fortunas amparados en una ética laxa de sus sistemas públicos.

Esto que funciona a esas escalas nacionales y globales, también funcionan bien aceitadamente en nuestras localidades, con lo boliburguesitos endógenos que ejercen la cleptocracia en los poderes locales y regionales, y en las dependencias nacionales desconcentradas, mostrando impúdicamente sus fortunas mal habidas, pues como reza un recordado refrán "se puede ocultar la mano que roba, pero no la mano que gasta". Y menos en sociedades que donde se respeta y considera a don Dinero, más que al trabajo honrado que genera una vida modesta y ejemplar.

IV. 7 *LA INTELIGENCIA ESTÚPIDA*

"Me gustan más las ciudades estúpidas que las inteligentes. La sociedad ha florecido en ellas". Así afirmó el experto en inteligencia artificial (IA) y director de Instituto de Sistemas de IA de la Universidad de Eindhoven (Países Bajos) Carlo van de Weijer, en una entrevista que le hace la periodista Marta Amo de Retina Tendencias del Grupo Prisa de España. Esa declaración aparece en diversos otros medios. Allí mismo se dice: "Frente a los gurús que pintan un futuro de urbes ultra tecnológicas repletas de coches autónomos y aparatos voladores, el experto en IA y movilidad Carlo van de Weijer apuesta por volver a las raíces y que se priorice ir a pie, la bicicleta y el transporte público".

La declaración citada de esta autoridad en materia de Inteligencia Artificial es buena para reforzar la idea de que un lugar inteligente es aquel que les proporciona calidad de vida a sus habitantes. El tema de la disponibilidad de la tecnología de vanguardia es un componente de la calidad de vida, no hay duda, pero no es el centro del asunto, que lo es en cambio lo que se llama la "convivencialidad", es decir, el arte de convivir entre las personas y el entorno, respetándose entre sí.

Iván ILICH (1926-2002), un austríaco que vivió en Cuernavaca (México) consagrando su vida como maestro de escuela, desarrolló este concepto para definir que "una sociedad convivencial es la que ofrece al hombre la posibilidad de ejercer la acción más autónoma y más creativa, con ayuda de las herramientas menos controlables por los otros". Se entiende como una herramienta desde un destornillador hasta un teléfono, una computadora o una aplicación tecnológica.

La obsesión por la Inteligencia Artificial lleva a plantear las ciudades inteligentes o "smart cities" como aquellas que tienen un uso intensivo de las tecnologías de vanguardia para atender sus necesidades, sobre todo en materia de gestión, comunicaciones, transporte, energía, emprendimiento y otros temas. Cuando estas estrategias toman en cuenta al ciudadano, a los espacios de convivencia, al ambiente natural y demás necesidades del ser humano, las herramientas tecnológicas ayudan mucho, siempre que estén al servicio de esos objetivos del vivir y del convivir.

Pero, y es un pero muy grande y muy grave, cuando esas herramientas no permiten libertad y autonomía, sino que esclavizan y dominan, entonces no sirven para la convivencia. Como diría premonitoriamente el propio Ilich en 1978, y lo ratifica ahora Carlo van de Weijer, "la herramienta es inherente a la relación social. En tanto actúo como hombre, me sirvo de herramientas. Según que yo la domine o ella me domine, la herramienta o me liga, o me desliga del cuerpo social". Resulta que la mayor parte de las tecnologías de hoy son "monopolios radicales" (Ilich dixit) que sirven para fundamentalmente a las necesidades de codicia de sus propietarios. Vemos cómo en la sociedad de la información y las comunicaciones, la gente está llena de datos, información tendenciosa y escasa de conocimientos, y hasta la riqueza del lenguaje se está perdiendo en el afán de todo rápido y en pocas palabras o sustituido por una gráfica.

Lo estúpido es utilizar la inteligencia para ir contra lo humano de la persona y de la humanidad. Y hay que ser muy inteligente, sin lugar a dudas, y muy estúpido también sin lugar a dudas, el uso intensivo del talento y del capital financiero para producir bombas nucleares, o venenos que matan la flora y la fauna, o causan dependencia como las drogas, o armas que caen en manos de brutos y estúpidos, que abundan más, para que vayan a las escuelas a matar jovencitos. De inteligencia estúpida está lleno el planeta, también de brutalidad estúpida como lo demuestra la carrera armamentista y el crecimiento del narcotráfico.

Lo inteligente en el campo social parecer ser más sencillo, aunque más complejo. Es promover espacios para las interconexiones humanas, para las conversaciones, la participación entre iguales, el reconocimiento de las diferencias y el obtener soluciones a los problemas desde el encuentro respetuoso. Y eso significa en las ciudades los espacios públicos de calidad, las aceras anchas y cubiertas, con calles arboladas y sin exceso de tráfico vehicular; los lugares para compartir una bebida, un bocadillo y una grata compañía; los teatros, las librerías, las cafeterías y todo espacio donde se propicie el sano encuentro, o la "soledad sonora" a decir de San Juan de la Cruz.

No sé si el problema de fondo es utilizar una palabra tan importante como "inteligencia", que no es tan fácil de definir, pero que trata de personas humanas que, según la Real Academia Española tienen "capacidad de percibir y controlar los propios sentimientos y saber interpretar los de los demás", o "facultad de la mente que permite aprender, entender, razonar, tomar decisiones y formarse una idea determinada de la realidad", según el Diccionario Oxford. También se habla de la capacidad que tiene una persona de entender un asunto y responder a ello.

Tampoco la Inteligencia Artificial es fácil de definir, pero tiene que ver con máquinas que pueden ser entrenadas mediante algoritmos, para realizar tareas específicas procesando grandes cantidades de datos y reconociendo patrones en los datos, a partir de los cuales imitan los procesos de la inteligencia humana. Lo cierto es que es una creación humana muy avanzada, y que seguirá avanzando de manera exponencial, hasta límites insospechados que la literatura y el cine se han atrevido a elucubrar.

Lo trágico del asunto es que un reconocido experto en el asunto tenga que llamar, para que lo entiendan más claramente, ciudades estúpidas a las que le ofrecen la oportunidad a la gente de ser feliz, caminando o yendo en bicicleta, por espacios verdes y con fuentes de agua, pájaros que canten, niños que corren y parejas que se abrazan.

De allí la validez del oxímoron "la inteligencia estúpida", la que es capaz de diseñar máquinas que sorprenden por sus capacidades, pero que pueden desdeñar la sencilla y elemental necesidad humana de sentirse bien en algún lugar.

IV. 8 *LAS PULPERÍAS Y LA GLOBALIZACIÓN*

Cuando Benigno Hernández llegó en 1862 a Isnotú a formar familia con Josefa Antonia Cisneros, compró una casa en una esquina céntrica y montó una pulpería denominada "La Gran Parada". El amable trato de la familia y su espíritu emprendedor hizo prosperar el negocio que tenía de todo: alimentos, telas y calzados, mercería, aperos para las bestias, equipos de labranza, medicinas, licores, herrería y demás mercancías. Traía de Maracaibo lo que no se producía por estas tierras, de los campos y páramos sus granos y hortalizas, del Sur de Lago el pescado salado y los vecinos les abastecían de dulces y amasijos, bordados y artesanías.

Todavía existen muchas pulperías en Venezuela y en todas partes del mundo, llámense tiendas de conveniencias o de abarrotes, bodegas, abacerías y otras designaciones. Son pequeños negocios, generalmente familiares, que mayormente en las esquinas, o en alguna encrucijada de caminos, satisfacen la demanda de todo lo que normalmente necesitan las familias del lugar para el diario sustento y para resolver los bienes y determinados servicios de la cotidianidad. Su alcance es limitado a las cercanías, pero en las zonas rurales alcanzan extensos territorios, y, como en el caso de "La Gran Parada" de Isnotú, llegan a tener servicios de posada, comedor y hasta cantina, pues también sirven como punto de encuentro de los amigos y vecinos.

Estos negocios funcionan sobre la base de unos intercambios asentados en el conocimiento personal entre vendedores y compradores; es frecuente el crédito, el trueque, la consignación y toda una serie de operaciones que resuelven los complejos problemas de producción, distribución y consumo con altas dosis de sentido común, el trato justo y la confianza. No todo era un paraíso, y existían como en toda obra humana los abusos, la avidez y otros antivalores, pero la presión social del hecho que todos los tratos eran entre conocidos hacía que las cosas funcionaran como es debido.

Pero la codicia de la especulación global no podía conformarse con el monopolio de las grandes cadenas de mayoristas y supermercados, de los "mall" y las megatiendas. Les pusieron el ojo a las pulperías y ya los grandes consorcios llenan de "pulperías" a los países donde los dejan entrar, pues hay quienes advierten el peligro y les ponen trabas. Hay cadenas de estas tiendas que ya ocupan más del 50 % del comercio minorista en diversos países, con tienditas de la esquina. Sólo que allí venden lo que esos mismos consorcios producen, no aceptan los productos que hacen los vecinos, ni fían, ni son lugares de encuentro de vecinos. Sólo son cadenas para captar el ahorro del vecindario y alimentar la voracidad de los peces gordos.

Estas cadenas enfocan su estrategia de comercialización en la saturación del mercado, en ocupar todas las esquinas y todas las encrucijadas posibles para vender los productos que ellos mismos hacen, generalmente bebidas gaseosas y comida chatarra como snacks, chucherías o botanas. Ofrecen a los dueños de las bodegas de las esquinas más atractivas ofertas de compra compulsivas o muy atrayentes, que les venden su negocito y se van a las periferias, contribuyendo con ello a la gentrificación de las ciudades.

La globalización de la codicia está acabando con los pequeños negocios familiares, pero ya existen reacciones prometedoras, aunque tímidas, por ahora. En Estados Unidos existen grupos organizados de compradores que estimulan las compras en las tienditas tradicionales, y una iniciativa europea va por buen camino, mediante el uso de herramientas digitales para abordar con mayores posibilidades de éxito en esta competencia feroz de los grandes monopolios.

En España unos organismos gubernamentales con fondos europeos, como "Red.es" y "Acompaña Pyme", impulsa el uso de un "kit digital" para que las pequeñas y medianas empresas entren en el negocio electrónico. Quizás así se pueda cumplir el sueño de que las familias de un lugar, conectadas a su "pulpería" o a una pequeña fábrica, puedan comprar y vender sin moverse de su casa y sin estar obligados a comprar los productos de los grandes monopolios especulativos y contaminantes. Y quien quita que estos negocios entren también en el comercio mundial, sobre todo si se trata de productos artesanales sanos, buenos, bonitos y baratos.

Rafael Ramón Castellanos, un intelectual de Santa Ana de Trujillo, montó un negocio en Sabana Grande llamado "La Gran Pulpería de Libros Venezolanos", una sorprendente librería con casi tres mil ejemplares. También escribió un libro titulado *"Historia de la pulpería en Venezuela"* editado por la Editorial Cabildo en 1989. Lamentablemente murió el escritor y no podrá escribir el epitafio a la pulpería. Ojalá que no haya necesidad de escribirlo.

IV. 9   *DULCE VIDA...MUERTE LENTA*

Varias agencias de noticias traen estos días diversas notas sobre los impactos negativos en la salud, del elevado consumo de gaseosas. Entre tanto las principales empresas productoras de refrescos anuncian el crecimiento de sus ventas y, por supuesto, de sus ganancias.

"Las conclusiones de la investigación conducida por el Instituto de Efectividad Clínica y Sanitaria (IECS) de Argentina, y a las que tuvo acceso EFE, indicaron que 4,3 millones de casos de exceso de peso y obesidad en niños, adolescentes y adultos en Argentina, Brasil, El Salvador y Trinidad y Tobago son atribuibles al consumo de bebidas azucaradas", dice una de ellas. Pero ese consumo está asociado a la diabetes, cáncer de endometrio, de ovarios, de mama y de próstata, así como accidentes cardiovasculares, entre otros.

"La mayor embotelladora de la marca de refrescos estadounidense, Coca-Cola Europacific Partners, ganó 1.521 millones de euros el año pasado, un 54% más que en 2022" y agrega: "El dividendo récord de 2022, nuestra previsión para 2023 y los objetivos a medio plazo, ambiciosos, pero alcanzables, demuestran la fortaleza de nuestro negocio", ha apuntado Damian GAMMEL, consejero delegado de la compañía, en el comunicado de presentación de resultados", dice otra.

Esas mismas empresas son las principales fuentes de contaminación por plástico en el mundo: "Coca-Cola, Pepsico y

Nestlé son las empresas que más residuos plásticos producen en el planeta, según un estudio publicado este martes por la organización ecologista Greenpeace" nos informaba la agencia EFE en noviembre 2022.

Así de sencillo y así de clarito: endulzan la vida, pero matan a la gente y al planeta, y ganan mucho dinero con eso. "Poderoso caballero es Don Dinero" dijo Francisco de Quevedo hace unos 400 años. Cito sólo dos estrofas de la famosa seguidilla:

~I~

"Madre, yo al oro me humillo,
él es mi amante y mi amado,
pues de puro enamorado
de continuo anda amarillo.
Que pues doblón o sencillo
hace todo cuanto quiero,
poderoso caballero
es don Dinero".

~III~

"Es Galán y es como un oro,
tiene quebrado el color;
persona de gran valor
tan cristiano como moro;
pues que da y quita el decoro
y quebranta cualquier fuero,
poderoso caballero
es don Dinero".

No es ironía, pues, que Coca-Cola, el mayor contaminador plástico del mundo, patrocinara la COP27, es decir la 27 Conferencia de las Naciones Unidas sobre el Cambio Climático, la mayor conferencia ambiental anual del planeta, en Sharm El Sheikh, Egipto, el pasado mes de noviembre del 2022. Como dice el dicho: "El diablo vendiendo cruces"

IV. 9 *REGLOBALIZACIÓN*

La marcha desbocada de la globalización, sobre todo en el ámbito de la economía y las finanzas, tiene nuevas e inesperadas voces de resistencia. Por allí parecen ir los llamados de la Secretaria de Estado del Tesoro de los Estados Unidos, Janet YELLEN y de la Presidenta del Banco Central Europeo, Christine LAGARDE, cuando plantean la deslocalización del comercio mundial y de las cadenas de suministros, para pasar a un sistema de compras y ventas en lugares cercanos, amigos, seguros y confiables. Algo que ya sabían por simple lógica nuestros antiguos pulperos.

Al instalarse el paradigma del crecimiento y el lucro como motor de la economía, se estableció una red global de compras de los bienes y servicios donde es más barato, y vender donde es más caro. Así un producto norteamericano o europeo, de prestigio por su marca, compra sus componentes y contrata servicios en países que producen a bajos precios, fundamentalmente gracias a su mano de obra barata –y esclava en determinados casos– pasando a depender de esos mercados.

Ahora, cuando la inestabilidad y la desconfianza se expanden, por mil razones distintas, vuelve algo de sensatez y se tejen alianzas inesperadas bajo los esquemas que según parecen están muriendo. Pero pueden ser espejismos, sino se va al fondo del asunto: la sustitución del paradigma del crecimiento, el lucro y la codicia como los motores de la economía.

La razón de ser de la economía es satisfacer las necesidades humanas, producir puestos de trabajo y distribuir la renta, según los clásicos. Para ello se requiere la "competencia perfecta" es decir la inexistencia de factores que perturben el funcionamiento del mercado, como los monopolios, las asimetrías en la información, las prácticas especulativas, entre otras, para lo cual debe existir un Estado serio que garantice el ejercicio de la libertad.

La lógica del paradigma predominante llevó por el camino contrario y hoy se imponen los intereses oligopólicos y corporativos, cuyos fines no son la sana satisfacción de las necesidades humanas, de allí que las principales empresas contaminantes del planeta son justamente aquellas que más productos chatarra ofrecen para el consumo humano y más contaminación causan.

Uno debe alimentar la esperanza de que la extensión y la profundidad de la crisis introduzca un poco de sensatez en el mundo y, sobre todo, en sus líderes. El camino del crecimiento, de la mera rentabilidad y de la codicia nos lleva sin lugar a dudas a mayores y seguramente irreversibles consecuencias. El cambio de rumbo en la economía es una de esas transformaciones fundamentales, pues el paradigma del crecimiento y del consumo dispara la codicia, y está probado que lo que produce es una pequeña cantidad de personas que consumen mucho y una enorme mayoría que apenas sobrevive y otros mueren, mientras los recursos se agotan, el planeta se deteriora y sufrimos todos.

El mundo debe ir a una economía humana, cuyo fin sea satisfacer las necesidades humanas con un mínimo consumo y un cuidado máximo por los equilibrios naturales. Una economía que respete la dignidad de la persona humana, la primacía del bien común y que cuide el planeta.

La reglobalización o la postglobalización es necesaria para detener esta carrera hacia el desastre, e ir a una sociedad más moderada, más humana, más saludable y mejor integrada al sistema al que todos pertenecemos: el ecosistema integral.

IV.10 *LOS CAMINOS DEL BIENESTAR*

Ninguna persona, familia, comunidad o nación está condenada a ser pobre por razones definitivas o determinantes, como el clima, la dotación de recursos o el color de la piel de sus habitantes. El bienestar se logra si se dan algunas condiciones fundamentalmente políticas, como la libertad, la democracia, la justicia y un tesoro que en términos generales se llama "capital social" que se refiere a la calidad de las relaciones que se dan entre las personas, y entre estas y el entorno.

Por supuesto que en el proceso de la creación de esa calidad de vida no depende sólo de la persona o comunidad específica, pues la realidad en un complejo tejido de relaciones no solo internas, sino con factores externos próximos o remotos, generalmente de orden político.

En todo caso, aún extremos, la calidad de vida mejora si se dan esos procesos de carácter cualitativo que tienen que ver con la bondad, la solidaridad y el bien común. Cuando privan las relaciones de calidad todo cambia hacia el mejoramiento de la vida, propia y de los demás, incluyendo el medio donde el vivir transcurre.

Son muchos los especialistas en desarrollo que dan soporte a estas ideas sobre la confianza, las instituciones sanas, el Estado de Derecho y el capital social, en el proceso de construcción de lugares, comunidades y naciones donde la gente viva mejor y en armonía entre ellos y la naturaleza. Basta citar unos tres o cuatro:

Gunnar Myrdal (premio Nobel de Economía) con *Teoría económica y regiones subdesarrolladas* (1957), *El reto de la sociedad opulenta* (1962), *El desafío del mundo pobre* (1970), *La Pobreza de las naciones* (1975); Robert David Putnam con *El declive del capital social* (2003), "Para hacer que la democracia funcione" (1994), Manfred Max Neff con *El Desarrollo a escala humana* (1989); Daron Acemoglu y James A. Robinson con *¿Por qué fracasan los países? Los orígenes del poder, la prosperidad y la pobreza* (2017) y muchos otros.

Igualmente son muchas la iniciativas locales, nacionales y mundiales para lograr mejoras sustantivas y permanentes en los caminos del bienestar humano, tanto públicas como privadas. Dos de ellas destacan: "La Agenda 2030 para el Desarrollo Sostenible" aprobada por la Asamblea General de las Naciones Unidas en el año 2015, que establece 17 Objetivos para el Desarrollo Sostenible, crea una serie de mecanismos para su cumplimiento y evaluación, encarga a sus órganos especializados de diversas tareas e incorpora gobiernos y empresas.

Otra es la Carta Encíclica "Alabado seas" del papa Francisco, un formidable documento para el cuidado de la tierra conde se analizan los problemas, sus causas y propone una serie de acciones para superarlos. Crea el Discaterio para el Desarrollo Integral en El Vaticano y abre iniciativas en las diócesis y demás dependencias de la iglesia católica. A esta propuesta agrega otra, contenida en la Carta Encíclica llamada "Todos hermanos", que justamente trata los temas de capital social.

Ambas iniciativas, la de la ONU y la de la Iglesia han recibido grandes aplausos, pero en la práctica y en la acción cotidiana no se nota el entusiasmo, a pesar de sus enormes bondades. Hasta se han inventado cosas como que esas propuestas forman parte de unas de esas teorías conspirativas de ciertas élites mundiales que quieren imponer un "nuevo orden mundial", desde

Los Iluminati, QAnon, la alianza judeo-masónico-comunista-internacional y otras ideologías perversas. Hasta el Foro de Davos ha sido acusado con la propuesta del "Gran Reseteo", cuando en Davos lo que se produjo fue una importante declaración sobre el principal objetivo de las empresas como productoras de bienes y servicios y no el mero lucro, llamando a su compromiso con desarrollo sostenible. Y por otra parte está más que claro el interés de determinados sectores privilegiados por torpedear las iniciativas progresistas del papa Francisco, de abrazar con mayor energía el compromiso de la opción preferencial por los pobres y la sostenibilidad de la "Casa Común".

Más cercanas a las causas de que estas iniciativas no avancen lo suficiente, van por las reflexiones de que el modelo económico abandonó las tesis iniciales de que los procesos económicos –producción, distribución y consumo– buscan la satisfacción de las necesidades humanas y no el lucro. Que las ganancias son la lógica remuneración a los distintos factores productivos, pero no esta desbocada carrera de la globalización de la codicia. Para ello se dispara el consumo, el materialismo, la explotación del hombre y la naturaleza, la inequidad y los grandes monopolios globales.

La tierra y sus recursos son finitos y, aun cuando las capacidades humanas parecen ser infinitas, existen los límites del respeto a la dignidad del otro y el funcionamiento de los sistemas naturales, que con frecuencia se olvidan, hasta que la propia naturaleza nos lo recuerda. Los caminos del bienestar son los de los de la libertad, la democracia, la justicia y la confianza. En palabras del papa Francisco en la encíclica Alabado seas: *"El desafío urgente de proteger nuestra casa común incluye la preocupación de unir a toda la familia humana en la búsqueda de un desarrollo sostenible e integral, pues sabemos que las cosas pueden cambiar".*